TRAITÉ

PRATIQUE ET RAISONNÉ

D'HARMONIE

LE LIVRE

DES

ORGANISTES ET DES PIANISTES

OU

TRAITÉ

PRATIQUE ET RAISONNÉ

D'HARMONIE

à l'usage des Séminaires, des Collèges et des Pensionnats

Par le P. J^h DAUPHIN

Maître de Chapelle à la Résidence des PP. Eudistes de Paris

Prix net : **10** Francs

ARRAS

A LA PROCURE GÉNÉRALE DE MUSIQUE RELIGIEUSE

10, Rue Frédéric-Degeorge, 10

1902

PRÉFACE

Notre but, en publiant cet ouvrage, est de combler une lacune qui existe dans l'enseignement de la musique d'orgue et de piano tel qu'il se donne aujourd'hui aux jeunes gens des pensionnats, des collèges et des séminaires.

Cet enseignement consiste presque exclusivement en exercices de doigté et d'exécution. Dans les collèges et pensionnats, on forme l'élève à la pratique, à ce que nous appellerons le mécanisme de la musique. On le rend habile à déchiffrer un morceau, à le jouer passablement, même à première vue, et à vaincre des difficultés réelles. Mais en a-t-on fait pour cela un vrai musicien? Non, parce qu'il a négligé presque complètement les études théoriques.

Tout au plus lui a-t-on expliqué la contexture de l'accord parfait et de l'accord de septième de dominante. Mais il ignore complètement les lois qui régissent l'enchaînement de ces accords et leurs combinaisons presque infinies. Aussi ce qu'il exécute machinalement reste pour lui de l'hébreu. Son oreille sera satisfaite par la suite des sons qu'il rend; mais il n'en saisira pas le pourquoi, et il ressemblera assez à l'homme qui débite passablement un beau discours dans une langue étrangère dont il n'a pas l'intelligence.

Combien mieux il sentirait les beautés d'un morceau de maître, comme il lui serait plus facile de l'apprendre et de l'exécuter parfaitement, s'il était à même de l'analyser et de pénétrer à fond les idées de l'auteur! Comme il s'intéresserait davantage à une composition dont il suivrait la trame, et qu'il pourrait lui-même juger et apprécier en connaissance de cause!

Et puis sera-t-il jamais un organiste ou un pianiste dans toute la force du terme, s'il est incapable d'adapter selon les règles un chant convenable à des vers donnés, d'accompagner correctement une mélodie dont il n'a pas la partition sous les yeux, d'harmoniser un air que l'on veut faire chanter en chœur, ou bien de transposer à première vue un morceau trop haut ou trop bas pour les voix?

Or, nous en avons acquis l'intime conviction, il serait facile d'obtenir ces heureux résultats pour un grand nombre de jeunes élèves qui ont de réelles dispositions musicales, si, après la première année de piano, alors que les plus grosses difficultés sont vaincues, on mêlait aux exercices de doigté de bonnes leçons théoriques, c'est-à-dire une explication simple, claire et pratique des principales règles de l'harmonie. L'étude de la musique y gagnerait en intérêt, et les progrès seraient incomparablement plus rapides.

Nous dirons la même chose à plus forte raison pour ce qui concerne l'étude de l'orgue ou de l'harmonium dans les séminaires et les maîtrises. Là on se contente généralement de mettre entre les mains des jeunes séminaristes, fort intelligents pour la plupart, mais obligés de se former eux-mêmes, des méthodes d'accompagnement absolument incomplètes.

Les unes ne leur donnent que des formules brutales d'accords plaqués, dont ils ne comprennent pas la nature, et qui leur permettront d'accompagner lourdement, sans aucune variété, les admirables mélodies du chant ecclésiastique.

Les autres leur offrent les premiers éléments de l'harmonie consonnante appliquée au plain-chant, mais sans les initier à l'accompagnement des cantiques, et surtout à l'intelligence de la bonne musique d'orgue, qu'ils ne pourront exécuter qu'au prix d'exercices pénibles et d'efforts de mémoire vraiment prodigieux.

Comme il leur serait plus facile de devenir en peu de temps des organistes sérieux s'ils possédaient la vraie clef des sciences harmoniques !

Nous avons pu le constater en mainte occasion, et lorsque, il y a trente ans, nous donnions des leçons d'orgue à quelques élèves dans l'un de nos petits séminaires ; et, depuis lors, quand plusieurs de nos jeunes confrères ont fait appel à notre vieille expérience et réclamé nos conseils. Sept ou huit bonnes leçons d'harmonie, données le crayon à la main, les mettaient à même de faire plus de progrès en quelques mois d'études, qu'ils n'en avaient fait pendant des années de tâtonnements incertains.

— Fort bien, nous dira-t-on ; mais n'existe-t-il pas déjà de nombreux traités d'harmonie, et n'en voyons-nous pas d'annoncés dans la plupart des prospectus d'éditeurs de musique ?

— Aucun d'eux, à notre avis, ne répond au besoin que nous venons de signaler. Tous ceux qui ont quelque valeur sont de très gros livres, beaucoup trop savants pour atteindre le but. Écrits pour les élèves des Conservatoires ou pour ceux qui font de la musique par profession, ils sont inabordables au commun des amateurs, à tous ceux pour lesquels l'art musical n'est qu'un accessoire.

D'ailleurs, pour atteindre l'ensemble de la science harmonique, il faut se procurer cinq ou six traités particuliers, tous très considérables et d'un prix exorbitant. Encore n'arrive-t-on que très difficilement à les comprendre sans le secours de maîtres habiles.

Ce qui manque donc jusqu'ici, c'est un volume pratique, très simple, aussi clair que possible, renfermant les diverses branches de l'harmonie, offrant une sorte de vulgarisation de cette science ardue, et la mettant à la portée de toutes les bourses et de toutes les intelligences, des professeurs ordinaires de piano, et des élèves obligés de se former seuls, ou désireux de compléter leurs études musicales.

C'est cet ouvrage que nous avons entrepris et que nous offrons aujourd'hui au public, dans l'espoir qu'il rendra quelques services non seulement aux jeunes virtuoses des deux sexes qui peuplent nos maisons d'éducation, mais encore à leurs maîtres, à une multitude de séminaristes et de jeunes prêtres qui ont à cœur la bonne exécution du chant sacré et la beauté de l'office divin, enfin à tous les amateurs désireux de se perfectionner dans leur art.

Que l'on ne s'effraie pas trop de la grosseur du volume. Pour être complet nous avons dû embrasser un cadre très vaste : l'harmonie consonnante ; l'application de cette harmonie à l'accompagnement ordinaire du plain-chant; les principes et les éléments si variés de l'harmonie dissonnante, avec toutes les applications qu'en peuvent faire l'organiste et le pianiste: composition, harmonisation vocale, accompagnement de la musique, etc.

Enfin nous ne pouvions passer sous silence un nouveau mode d'accompagnement du chant grégorien interprété à la manière bénédictine, et qu'un organiste ne doit plus ignorer aujourd'hui. Or, pour apprendre à accompagner ce chant, il fallait tout d'abord en donner une notion exacte, et faire connaître la façon dont il s'exécute.

Tout cela ne pouvait évidemment s'expliquer en quelques pages, mais chacun des traités qui compose ce volume est relativement très court. Évitant tout étalage inutile de science, nous avons tenu à rester constamment simple, clair, méthodique, classique, et en même temps aussi complet que possible, assez du moins pour être compris de tous nos lecteurs, les mettre sur la voie et leur permettre de compléter eux-mêmes notre enseignement par leur propre pratique.

C'est dans ce but que nous avons multiplié les exemples, choisissant toujours les plus faciles, et nous rappelant que les leçons de choses sont celles qui gravent le mieux la théorie dans les esprits, selon le vieil adage : *Brevis per exempla via.*

Nous avons simplifié le chiffrage des accords, dans l'harmonie consonnante comme dans l'harmonie dissonante, sans toutefois en changer les formes. Il est moins compliqué que dans les traités ordinaires, mais tout bon harmoniste s'y reconnaîtra facilement.

Nous avons évité toute discussion sur le genre d'harmonie qui convient le mieux au chant ecclésiastique. Ce n'est point par habitude ou par préjugé d'éducation que nous avons adopté le style diatonique pur, mais par la conviction sincère que seul il s'accorde avec la vraie tonalité du plain-chant. Les deux savants professeurs d'harmonie qui nous ont formé, au Collège et au Séminaire, nous avaient donné un enseignement tout opposé. Il n'a fallu rien moins que l'évidence, résultant d'une très longue expérience, pour nous faire abandonner leur école.

Avant de mettre la dernière main à ce traité, nous nous sommes fait un devoir de le soumettre à des maîtres habiles qui nous ont aidé de leurs lumières, de leurs conseils et de leurs encouragements.

Nous regrettons que, par un excès de modestie, ils ne nous aient pas autorisés à dévoiler la part qui leur revient dans ce travail; mais nous les prions de vouloir bien accepter ici l'expression de notre vive gratitude.

Puisse ce modeste volume inspirer dans nos collèges et pensionnats catholiques, le goût de la saine musique qui élève l'âme, parce qu'elle est fille du Ciel ! Puisse-t-il surtout contribuer à la gloire de Dieu et à la beauté du culte divin dans nos églises ! C'est la seule fin que nous ayons ambitionnée en l'écrivant; et c'est dans ce but qu'aujourd'hui nous le dédions au Cœur immaculé de Marie, suppliant très instamment cette auguste Vierge de bénir et l'auteur et l'ouvrage et tous ceux qui en feront l'objet de leur étude.

Paris, en la fête de l'Immaculée Conception, 8 décembre 1901.

AVERTISSEMENT

Aux Professeurs et aux Élèves

1° Nous supposons que l'élève qui aborde cet ouvrage possède déjà les premiers éléments de la musique vocale, et, s'il aspire à être organiste, qu'il a aussi commencé l'étude du plain-chant.

Il faut de plus qu'il connaisse le clavier et qu'il ait fait d'assez nombreux exercices de doigté sur le piano ou l'harmonium.

S'il n'en était pas là, il devrait se mettre promptement et résolument à l'œuvre, en étudiant quelque bon solfège et quelque méthode d'exercices gradués. Les livres de ce genre abondent, et nous ne pouvons grossir outre mesure notre volume en donnant ces notions élémentaires, qui d'ailleurs n'entrent nullement dans notre cadre.

2° Tout en étudiant ce traité, il ne devra jamais négliger les exercices propres à lui délier les doigts et à le familiariser avec le clavier. La pratique doit toujours marcher de front avec la théorie. Les exemples de ce livre pourront parfois remplacer momentanément les exercices de doigté; mais on ne tardera pas à reprendre ces derniers, qu'un maître habile saura d'ailleurs faire concorder autant que possible avec les leçons harmoniques.

3° Nous supplions nos lecteurs d'étudier ce volume lentement et posément. Que l'on ne passe jamais à un nouveau chapitre ou paragraphe, si l'on n'a pas compris parfaitement le chapitre ou le paragraphe qui précède. Tout se tient, s'enchaîne et se suppose dans cette suite de traités, et chacune des parties prépare à la suivante. Il importe donc de ne pas intervertir l'ordre.

Le professeur devra s'assurer que l'on comprend, que l'on a retenu, et il s'appliquera à graver les leçons par des répétitions et récapitulations fréquentes.

4° Mais les pianistes ne pourront-ils pas négliger complètement la *seconde partie*, qui traite de l'accompagnement du plain-chant ?

— Non, et voici nos raisons.

a) Il est bon qu'ils aient une idée nette du chant ecclésiastique, qui a de grandes beautés et qui est le père de la musique moderne.

b) Les exemples harmonisés de cette deuxième partie leur fourniront un excellent exercice sur l'enchaînement et le mécanisme des accords parfaits.

c) C'est là seulement qu'ils trouveront exposées les règles de la transposition, règles d'une importance majeure pour eux comme pour les organistes.

d) Transcrire sur papier de musique les exemples de plain-chant chiffrés, dans les divers tons indiqués, et en écrire ou en frapper les accords, sera pour eux un travail des plus utiles, et le maître ou la maîtresse de piano ne manquera pas de l'exiger.

c) Enfin, bon nombre d'élèves de piano, dans les collèges catholiques et pensionnats religieux, deviendraient facilement, avec un léger supplément d'études, d'excellents organistes et seraient à même de contribuer, dans nos églises et chapelles, à la beauté du culte divin. Il leur suffirait de se bien pénétrer des enseignements de notre seconde partie. C'est là un résultat que plusieurs seront heureux d'atteindre. Nous ne dissimulerons pas que cet espoir nous a encouragé dans la composition de cet ouvrage.

5° On remarquera que beaucoup de nos exemples sont écrits pour l'orgue, avec des notes *tenues*, communes à plusieurs accords. Ceux qui s'exercent sur le piano devront frapper toutes les notes de l'accord pour bien en saisir l'effet.

6° Nous recommandons tout spécialement les essais d'harmonisation, de composition et d'accompagnement, écrits par l'élève et corrigés par le maître ou comparés avec ceux des bons auteurs; ainsi que l'analyse des morceaux d'orgue ou de piano de ces derniers.

Nous osons promettre à quiconque voudra s'astreindre à étudier ainsi notre livre, en y mettant un peu de persévérance, qu'il verra ses efforts couronnés de pleins succès et que bientôt l'art de la musique n'aura plus pour lui de secrets réels.

TRAITÉ PRATIQUE ET RAISONNÉ
D'HARMONIE.

Chapitre préliminaire.

DE LA GAMME ET DES INTERVALLES MUSICAUX.

§ I.— DE LA GAMME.

Les sons de la musique s'indiquent au moyen de sept signes que l'on appelle **notes**.

On a donné le nom de **Gamme** à la succession de ces sept notes, avec la répéti_tion de la première à l'octave.

La 1ère se nomme **tonique**,   ou 1er degré.

la 2e _ _ **sus-tonique**,   ou 2e degré.

la 3e _ _ **médiante**,   ou 3e degré.

la 4e _ _ **sous-dominante**, ou 4e degré.

la 5e _ _ **dominante**,   ou 5e degré.

la 6e _ _ **sus-dominante**, ou 6e degré.

la 7e _ _ **sensible**,   ou 7e degré.

la 8e _ _ **octave**,   ou 8e degré.

§ II.— DES MODES.

Il y a dans toute gamme cinq tons et deux ½ tons. Mais les ½ tons peuvent se pla_cer à deux endroits différents dans la succession des degrés. De là deux *Modes* ou ma_nières de former la gamme.

Le **Mode majeur**, qui a son premier demi-ton du 3e au 4e degré. (On le nomme majeur, parce que sa gamme commence par une tierce majeure, c'est-à-dire com_posée de deux tons.)

Le **Mode mineur**, dans lequel le premier demi-ton se trouve du 2e au 3e degré. (On l'appelle mineur parce que sa gamme commence par une tierce mineure, un ton et un demi-ton.)

Le second demi-ton se trouve, dans le mode majeur, du 7ᵉ au 8ᵉ degré.— Dans le mode mi_
neur, il occupe la même position en montant; mais en descendant il se trouve du 6ᵉ au 5ᵉ
degré. (On verra, à la page 3, une autre forme de la gamme mineure).

§ III.— DES DIVERSES TONALITÉS.

La première note ou tonique est la note principale d'un ton, sa note fondamentale,
celle qui donne son nom à toute la gamme. Mais on peut prendre chacune des sept
notes de la musique pour tonique, pour note fondamentale d'une gamme nouvelle, soit
dans le mode majeur, soit dans le mode mineur. Pour cela il suffit de placer les tons
et les demi-tons dans l'ordre énuméré ci-dessus. Ce qui se fait au moyen des dièses et des
bémols que l'on place à la clef.

Les *dièses* (♯) sont des signes d'altération qui servent à hausser la note d'un ½ ton ;
les *bémols* (♭) la baissent d'un ½ ton. Placés à la clef, ils servent à constituer la gamme
semblable à celle de *do* (échelle modèle) sur chacun des autres degrés de la gamme.

On peut même prendre pour base de nouvelles gammes les 5 notes altérées (désignées
sur l'orgue par les touches noires.) On a ainsi douze tonalités, douze gammes, douze tons
majeurs et douze gammes ou tons mineurs correspondants:

Le ton de Do majeur, qui n'a rien à la clef;

Sol majeur, qui a un ♯, parce qu'il faut hausser le *fa* d'un demi-ton pour en
faire la sensible;

Ré majeur, qui en a deux, parce qu'il faut hausser le *fa* ou 3ᵉ degré, et le
do qui est sensible;

La majeur, qui en a trois ;

Mi majeur, qui en a quatre;

Si majeur, qui en a cinq ;

Et avec des bémols:

Fa majeur, qui a un bémol;

Si ♭ majeur, qui a deux bémols;

Mi ♭ majeur, qui a trois bémols;

La ♭ majeur, qui a quatre bémols;

Ré ♭ majeur, qui a cinq bémols;

Sol ♭ majeur, (ou Fa ♯ majeur, c'est la même chose) qui a six bémols (ou
six dièses.)

A chaque gamme ou ton majeur correspond une gamme ou ton mineur qui a le même
nombre d'accidents à la clef. Ces deux tons sont dits relatifs.

Le ton mineur est toujours une tierce mineure,(1 ton ½) au dessous de son relatif majeur. _Ainsi *do* majeur a pour relatif *la* mineur qui se trouve 1 ton ½ au dessous de do. *Sol* majeur a pour relatif *mi* mineur etc.

Chaque ton mineur reçoit sur sa 7ᵉ note ascendante un dièse ou un bécarre ♮ accidentel qui le distingue de son relatif majeur. C'est à cette note ainsi qu'à la finale que l'on peut reconnaître à première vue si un morceau appartient au mode majeur ou au mode mineur.

Voici le tableau de tous ces divers tons avec leurs notes caractéristiques:

NOTA. _ Comme on peut le voir par le tableau qui précède, les dièses à la clef se pla_ cent de quinte en quinte en montant, dans cet ordre: **fa, do, sol, ré, la, mi, si.**

Les bémols se placent de quarte en quarte en montant ou de quinte en quinte en descendant, c'est-à-dire dans l'ordre inverse: **si, mi, la, ré, sol, do, fa.**[1]

Il faut remarquer encore que, quand il y a des dièses à la clef, la tonique majeu_ re se trouve un degré au-dessus du dernier dièse, et la tonique mineure, un degré au_ dessous.

Quand il y a des bémols, la tonique majeure est quatre degrés au-dessous du der_ nier bémol, et la tonique mineure six degrés au-dessous. L'avant-dernier bémol donne toujours la tonique majeure.

§ IV. _ DES INTERVALLES.

On appelle Intervalle la distance d'un son à un autre son, qu'ils s'entendent suc_ cessivement ou simultanément.

L'intervalle d'un degré au degré qui le suit immédiatement s'appelle *seconde;_* celui d'une note à la 3ᵉ au-dessus s'appelle *tierce;* celui d'une note à la 4ᵉ, *quarte,* et ainsi de suite: *quinte, sixte, septième, octave, neuvième, dixième,* etc... *EX:*

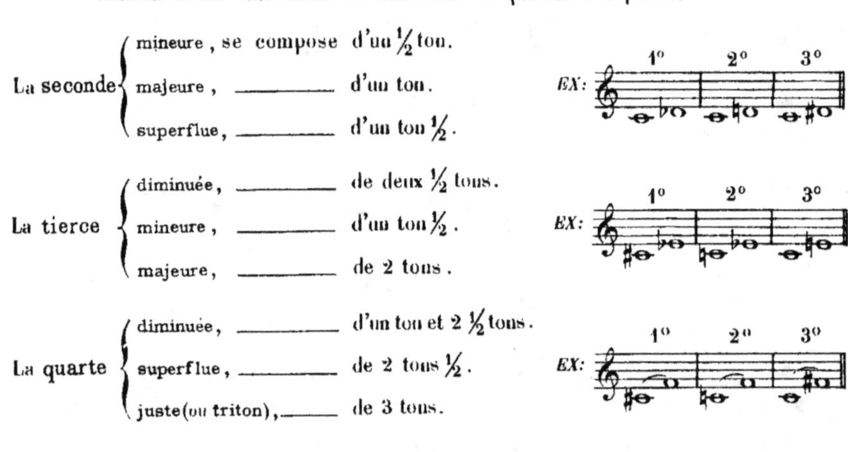

Chacun de ces intervalles se subdivise en plusieurs espèces.

La seconde
- mineure, se compose d'un ½ ton.
- majeure, _________ d'un ton.
- superflue, _________ d'un ton ½.

EX: 1° 2° 3°

La tierce
- diminuée, _________ de deux ½ tons.
- mineure, _________ d'un ton ½.
- majeure, _________ de 2 tons.

EX: 1° 2° 3°

La quarte
- diminuée, _________ d'un ton et 2 ½ tons.
- superflue, _________ de 2 tons ½.
- juste (ou triton), _________ de 3 tons.

EX: 1° 2° 3°

La quinte
- diminuée, _________ de 2 tons et 2 ½ tons.
- juste, _________ de 3 tons ½.
- superflue, _________ de 3 tons et 2 ½ tons.

EX: 1° 2° 3°

---

[1] L'élève devra apprendre par cœur la formule de succession des dièses à la clef et celle des bémols.

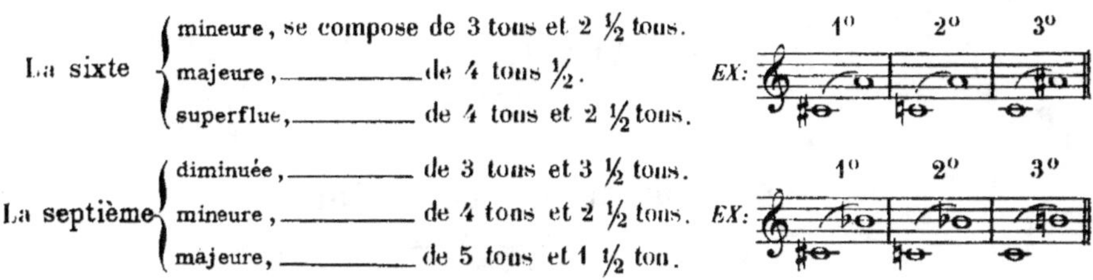

La sixte { mineure, se compose de 3 tons et 2 ½ tons.
majeure, __________ de 4 tons ½.
superflue, __________ de 4 tons et 2 ½ tons. }   EX:

La septième { diminuée, __________ de 3 tons et 3 ½ tons.
mineure, __________ de 4 tons et 2 ½ tons.
majeure, __________ de 5 tons et 1 ½ ton. }   EX:

L'octave est inaltérable. Elle se compose toujours de 5 tons et 2 ½ tons.

Il importe de savoir de mémoire la succession de tous les intervalles. C'est pour l'ap_ prendre que nous recommandons le tableau suivant:

Secondes _______→ Do, ré, mi, fa, sol, la, si, do. ←_______ Septièmes.

Tierces _______→ Do, mi, sol, si, ré, fa, la, do. ←_______ Sixtes.

Quartes _______→ Do, fa, si, mi, la, ré, sol do. ←_______ Quintes.

Il faut apprendre ce tableau par cœur, de droite à gauche et de gauche à droite. Il est même bon de l'apprendre en commençant la série des 8 notes par la seconde, puis par la 3ce de chaque ligne, etc.....de cette manière:

Ré, mi, fa, sol, si, do, ré. _ ré, do, si, la, sol, fa, mi, ré.

mi, fa, sol, la, si, do, ré, mi. _ mi, ré, do, si, la, sol, fa, mi.

et ainsi de suite.

§ V._ DU RENVERSEMENT DES INTERVALLES.

Renverser un intervalle c'est transporter le son le plus grave à l'octave au dessus.

(Il faut remarquer que l'on compte toujours les intervalles en partant du son le plus grave).

Une seconde renversée devient une septième; une tierce renversée produit une six_ te; une quarte produit une quinte; etc.... comme on le voit dans le tableau précédent, se_ lon qu'on lit de droite à gauche ou de gauche à droite._Tout intervalle avec son ren_ versement produit le nombre 9.

TABLEAU DES RENVERSEMENTS.

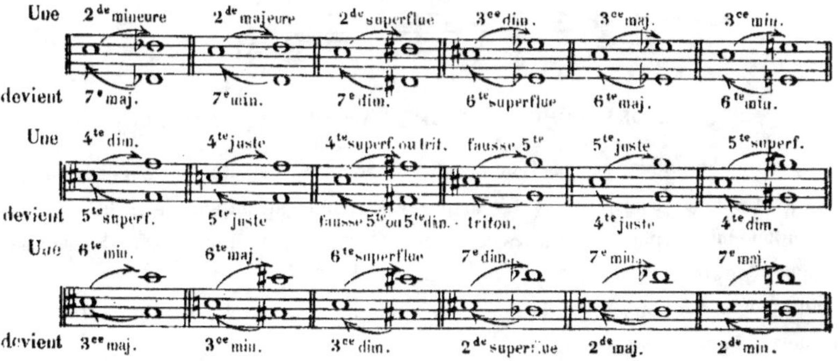

PREMIÈRE PARTIE.

De l'harmonie consonnante.

L'Harmonie est la succession régulière des accords de la musique.

On distingue deux sortes d'harmonies : l'harmonie *consonnante* et l'harmonie *dissonante*. La première est celle qui n'emploie que des accords parfaits ou con_ sonnants ; la seconde celle qui mêle des accords dissonants aux accords consonnants.

C'est l'harmonie consonnante qui seule va nous occuper dans cette première par_ tie.

Chapitre I.

THÉORIE DE L'ACCORD PARFAIT OU CONSONNANT.

§ I. _ NATURE DE L'ACCORD PARFAIT.

L'accord parfait est l'émission simultanée de 3 notes superposées de tierce en tierce : *do, mi, sol ; _ sol, si, ré ; _ fa, la, do ; _* de manière à former une tierce majeure ou mineure, et une quinte juste. *EXEMPLES :*

Il y a deux sortes d'accords parfaits : l'*accord parfait majeur* dont la tierce infé_ rieure est majeure, c'est-à-dire composée de deux tons ; et l'*accord parfait mineur* dont la tierce est mineure, c'est-à-dire composée d'un ton et demi.

§ II. _ DES POSITIONS DE L'ACCORD PARFAIT.

Il est permis de doubler le son fondamental ou toute autre note de l'accord, comme aussi l'on peut écarter ces notes et les disposer à volonté au dessus de la basse.

Ce changement de place des notes à la partie supérieure, alors que la basse reste fixe, s'appelle *position*.

Quand, par le doublement de la note fondamentale de l'accord, on a 4 parties, on peut donner à l'accord 3 positions.

La première est celle de l'octave à la partie haute (**A**) la seconde celle de la tierce (**B**), la troisième celle de la quinte (**C**).

§ III._ DES RENVERSEMENTS DE L'ACCORD PARFAIT.

Il ne faut pas confondre le *renversement* des accords avec le changement de po_sition dont on vient de parler.

La *position* d'un accord dépend de la place qu'occupe à la partie supérieure la 1ère, la 2e et la 3e note de cet accord, la note fondamentale restant toujours à la basse.

Le *renversement* au contraire dépend des variations de la basse. Si l'on prend la note de tierce de l'accord pour en faire la note de basse, on a le *1er renversement*. Si l'on prend la note de quinte on a le second renversement.

Le premier renversement s'appelle *accord de sixte*, parce qu'il se compose d'u_ne tierce et d'une sixte. Le second s'appelle accord de *quarte et sixte* (ou sixte-quarte) parce qu'il se compose d'une quarte et d'une sixte.

Chacun de ces renversements peut avoir les trois positions.

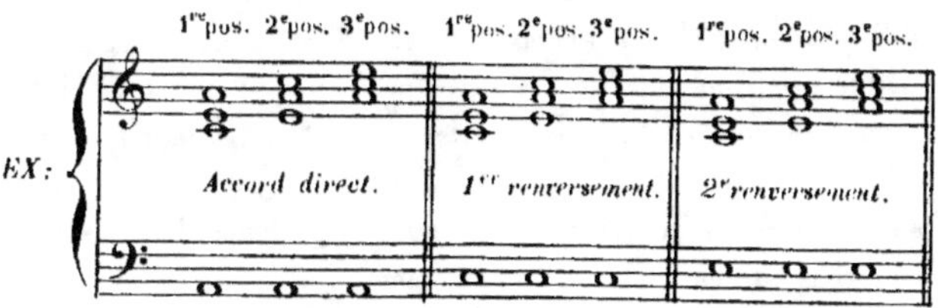

Tout ce que nous venons de dire touchant les positions et les renversements s'ap_plique à l'accord parfait mineur comme à l'accord parfait majeur.

§ IV._ DU CHIFFRAGE DES ACCORDS PARFAITS.

1°. Quand les auteurs chiffrent une basse sur laquelle on doit établir une harmonie, ils indiquent l'accord direct par les chiffres 5 ou 3 [1]; le premier renversement ou ac_ cord de sixte, par le chiffre 6, et le second renversement ou accord de quarte et sixte, par les chiffres ⁶.
  4

2°. Pour désigner l'harmonie qu'il faut placer sous les notes d'un chant, ils em_ ploient les chiffres 1,3,5 : 1, quand le chant reproduit la note fondamentale de l'ac_ cord; 3, quand il exprime sa tierce; 5, quand il est la quinte de l'accord.

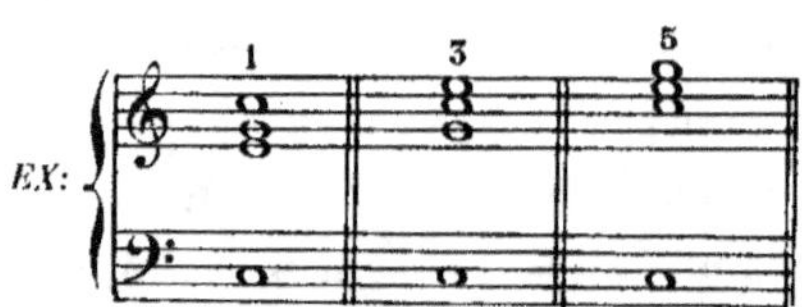

C'est ce dernier mode que nous allons adopter presque exclusivement pour les deux premières parties de cet ouvrage, traitant de l'harmonie consonnante. Quand ces trois chiffres n'auront aucun signe, ils indiqueront l'accord *direct* dans ses trois positions. (1 marque la 1ᵉʳᵉ position, 3 la seconde et 5 la 3ᵉ).

Pour désigner que l'accord doit être dans son *premier renversement*, nous pla_ cerons un trait sous ces chiffres 1,3,5. Un double trait: 1,3,5 indiquera le *second renversement* de l'accord.

Par conséquent, une note surmontée du chiffre 1 doit être accompagnée par l'accord parfait de cette note, et cet accord sera dans la 1ᵉʳᵉ position. Une note surmontée du chiffre 3 doit être accompagnée par l'accord de sa tierce inférieure, accord qui se trou_ vera dans la seconde position. Une note au dessus de laquelle est le chiffre 5 doit ê_ tre accompagnée par l'accord de sa quinte inférieure, et cet accord sera dans la 3ᵉ position.

Les notes surmontées des chiffres 1,3,5, ou 1,3,5, demandent les mêmes accords, mais dans leur premier ou leur second renversement.

____

[1] En chiffrant la basse, nous désignerons par le chiffre 5 l'accord parfait majeur, et par le chiffre 3 l'accord parfait mineur.

§ V. _ EXERCICES SUR L'ACCORD PARFAIT

Pour se familiariser avec ce mode de chiffrage, qui sera la clef de tout notre système d'accompagnement, l'élève devra trouver et frapper les accords indiqués dans les lignes suivantes. (Ces accords ne sont pas enchaînés).

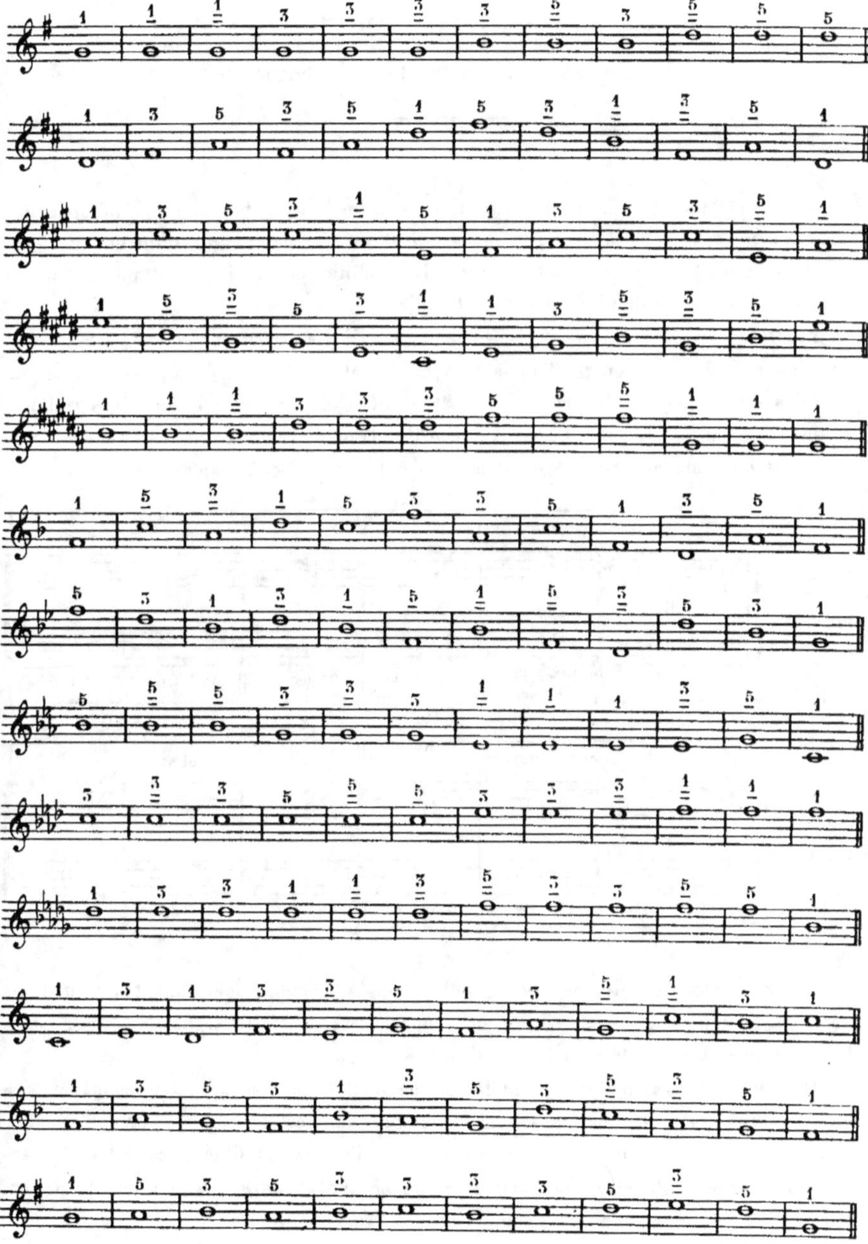

Chapitre II

DES ACCORDS PARFAITS

propres à chaque mode et à chaque ton

1._Chaque ton majeur ou mineur à trois accords parfaits, qui lui sont spécialement *naturels:* ceux de la *tonique*, de la *dominante* et de la *sous-dominante*.

Dans le mode majeur, ces trois accords parfaits sont majeurs. Dans le mode mineur, celui de la dominante seul est majeur.

2._Outre ces accords naturels à chaque ton, il y en a en majeur trois autres, et deux en mineur, que l'on peut appeler *accidentels*.

Ce sont, en majeur, les accords de 2e, 3e et 6e degrés; et en mineur ceux du 3e et du 6e degré seulement._Les trois accords accidentels d'un ton majeur sont mineurs; et les deux accords accidentels d'un ton mineur sont majeurs.

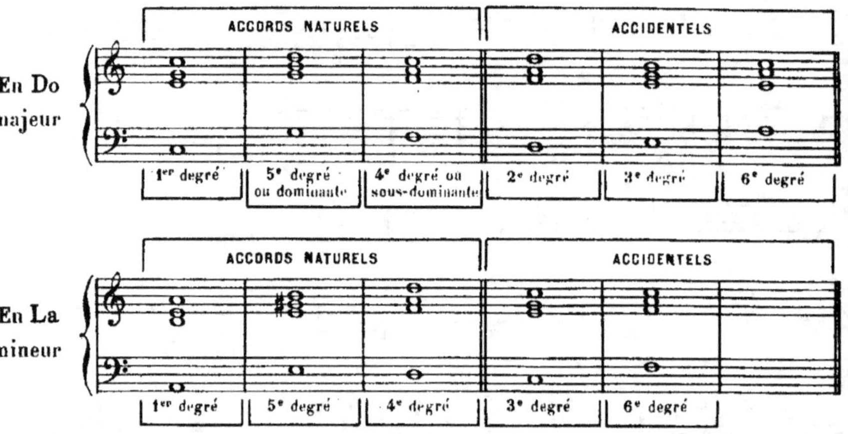

3._Comme on le voit par ces exemples, dans l'harmonie consonnante, toutes les notes de la gamme peuvent avoir leur propre accord parfait, excepté le 7e degré dans les deux modes et le 2e degré dans le mode mineur.

On conçoit la raison pour laquelle on ne peut bâtir d'accord consonnant sur ces degrés. C'est que la succession de tierces établie sur ces notes, ne pourrait donner d'accord parfait, soit majeur, soit mineur, sans l'altération d'une des notes de l'accord. Les notes naturelles ne donnent qu'un accord de *quinte diminuée*, qui appartient à l'harmonie dissonante, comme nous le verrons plus tard.

4._ Chacun de ces accords peut avoir 2 renversements, comme nous l'avons expliqué au premier chapitre; et trois positions, tant dans l'état direct que dans chacun des renversements.

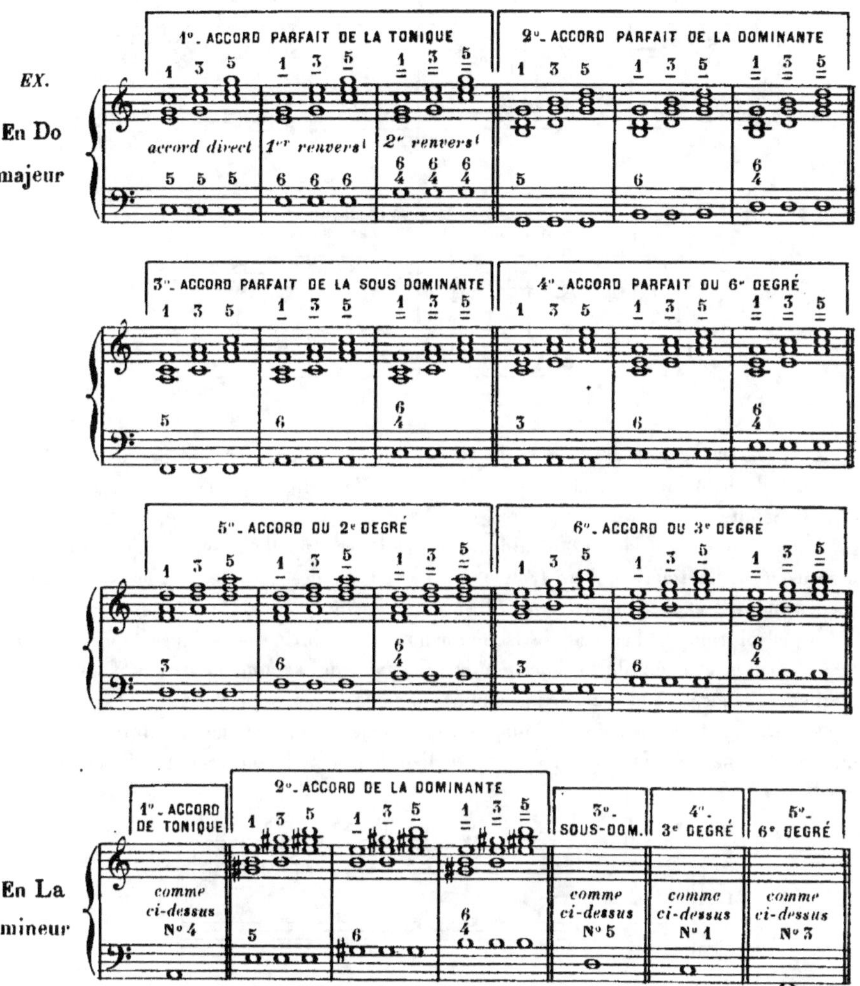

5._ Parmi les trois accords spécialement naturels à chaque tonalité, (accords de la tonique, de la dominante et de la sous-dominante) le premier est le *principal*, parce que c'est lui qui détermine le ton d'une manière plus complète.

Les deux autres lui sont *subordonnés*. D'ordinaire ils ne marchent pas seuls; ils doivent être suivis de l'accord de la tonique, pour que l'oreille soit satisfaite.

Par cette succession régulière on obtient les groupes suivants que l'on appelle des *mots harmoniques*.[1]

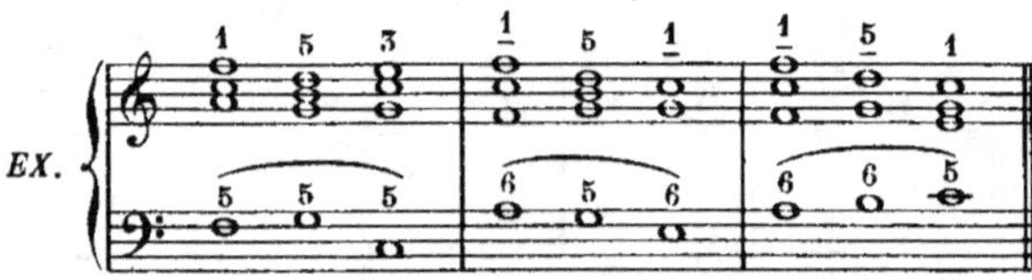

Le premier accord de chacun de ces groupes appelle le second parce que, dans l'accord de la dominante, la sensible tend vers la tonique que l'oreille réclame pour être satisfaite.

Dans l'accord de la sous-dominante, le 4e degré appelle aussi, quoique moins impérieusement, la tierce qui se trouve un ½ ton au-dessous. Cette succession de l'accord *appelant* et de l'accord *appelé* se nomme *Résolution*.

La résolution de l'accord de la dominante sur celui de la tonique s'appelle *mot de 1er ordre*, et celui de la sous-dominante, *mot de second ordre*. Ce sont les meilleures successions d'accords, comme nous le verrons bientôt.

6._L'accord de la sous-dominante est lui-même subordonné à celui de la dominante; il peut en être suivi et donner lieu à des mots ou groupes de trois accords.

7._Ces trois accords principaux exprimant nettement la tonalité doivent être les plus fréquents. On n'emploie les autres que pour rompre la monotonie et d'une manière accessoire.

Les accords accidentels sont *isolés*, ainsi que les notes qui les portent; ils n'entrent pas régulièrement dans les mots harmoniques.

---

(1). Beaucoup d'auteurs donnent à ces groupes ou successions d'accords, le nom de *cadences*. Nous réservons ce nom aux finales des phrases harmoniques.

Chapitre III

HARMONISATION DES DEGRÉS
DE LA GAMME

1._Voici comment se disposent naturellement les trois accords principaux dans la succession des degrés de la gamme placés à la partie supérieure :

Les trois notes qui appartiennent à *l'accord de la tonique*; (par ex: en ut: do, mi et sol,) s'accompagnent par cet accord de la tonique; on change seulement les positions, de manière que la note à accompagner soit à la partie supérieure; 1 prend l'accord à la première position; 3, l'accord à la seconde; 5, l'accord à la 3ᵉ position. Ex: (**A**)

Les 3 notes qui appartiennent à l'accord parfait de la dominante (par ex: en ut: sol, si, ré), prennent de même l'accord de la dominante. Ex: (**B**)

Enfin les trois notes qui appartiennent à l'accord de la sous-dominante (par ex: en ut: fa, la, do), prennent cet accord. Ex: (**C**)

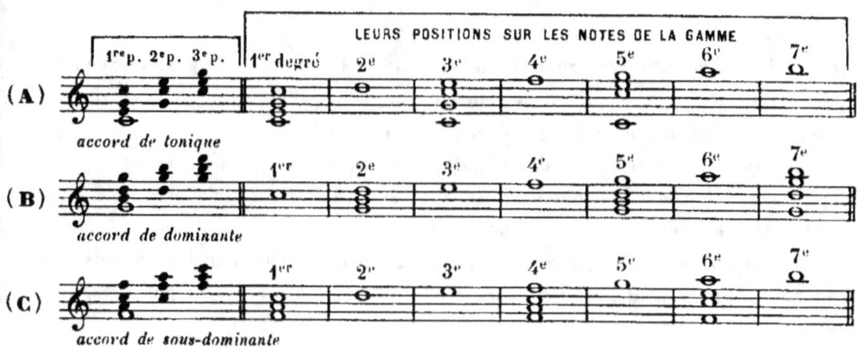

Comme on le voit par le tableau précédent, chacun des degrés de la gamme a l'un ou l'autre de ces 3 accords.

Il y a même deux accords pour le premier degré, celui de la tonique et celui de la sous-dominante; et deux pour le cinquième degré, celui de la tonique et celui de la dominante.

La succession de ces accords sur les degrés de l'échelle musicale donne lieu aux mots harmoniques suivants:

2. _Voici comment on harmonise d'ordinaire la succession régulière des degrés de de la gamme tant ascendante que descendante, dans le mode majeur et dans le mode mineur. (Le chiffrage indique et indiquera désormais non plus les degrés mais les accords.)

Il y a beaucoup d'autres manières d'harmoniser les notes de la gamme chantant.à la partie supérieure. Nous adoptons celle-ci qui nous paraît préférable et dont la structure est identique dans les deux modes. En voici l'analyse:

En montant, le premier accord est isolé, le deuxième et le troisième forment un groupe ou mot harmonique, ainsi que le 4ᵉ et le 5ᵉ. Le 6ᵉ est isolé, et c'est l'accord du 6ᵉ degré. Le 7ᵉ et le 8ᵉ forment un groupe.

En descendant, les deux premières notes sont isolées et portent les accords accidentels du 6ᵉ et du 3ᵉ degré, les autres notes forment des groupes harmoniques de deux accords.[1]

3. _Ajoutons ici la suite de tous les accords consonnants isolés, qui peuvent être employés sur chacun des degrés de la gamme, ce qui permettra de varier l'harmonie quand il faut tenir longtemps la même note.

---

(1) Nous conseillons à l'élève de transcrire ces gammes dans toutes les tonalités usitées et de se les rendre familières par de nombreux exercices.

Chapitre IV

DE L'ENCHAÎNEMENT DES ACCORDS

§ I. _ DE LA SUCCESSION DES ACCORDS

Ce qui fait la beauté de l'harmonie, c'est la succession naturelle et l'enchaînement des accords. Voici à ce sujet les principales règles formulées par les harmonistes :

1. _ La meilleure succession des accords parfaits est celle où ils forment un mot harmonique, c'est-à-dire où l'accord soit de la dominante, soit de la sous-dominante, se résout par l'accord de la tonique (Voir ci-dessus Chapitre II, N° 5)

2. _ Deux accords se lient naturellement lorsque leur basse fondamentale[1] fait les mouvements suivants :

(**a**) Quinte inférieure ou quarte supérieure : Ex : **A**.

(**b**) Quarte inférieure ou quinte supérieure : Ex : **B**.

(**c**) Tierce inférieure ou sixte supérieure : Ex : **C**.

3. _ La succession d'accords dont les notes fondamentales procèdent par tierce supérieure ou sixte inférieure est moins bonne, quoique encore praticable, surtout quand on a soin de faire suivre l'accord de la tierce supérieure par celui de la quinte inférieure. Ex : **A** _ Cette succession est plus franche quand l'accord de la tierce est majeur. Ex : **B** _ La succession de l'exemple **C** est presque de nul effet.

NOTA_Quelques auteurs ont abrégé ainsi les règles qui précèdent: « En général deux accords s'enchaînent l'un à l'autre, chaque fois qu'appartenant à la même gamme, ils se trouvent avoir une ou plusieurs notes communes. »

---

(1) Quand les accords s'emploient dans leurs renversements, les notes fondamentales ne se trouvent pas placées à la basse, mais comme les accords ne changent pas de nature, la succession ou liaison reste la même.

On remarquera que lorsque la basse descend ou monte d'une tierce, il y a deux notes communes d'un accord à l'autre, tandis que lorsqu'elle descend ou monte d'une quinte ou d'une quarte, il n'y en a qu'une. La liaison est cependant plus complète dans le second cas que dans le premier.

4._Outre les successions précédentes, on peut aussi employer, mais plus rarement celles de seconde. Les passages du 1er au 2e degré et réciproquement, et ceux du 5e au 6e et réciproquement, sont bons. Ex: **A**. Ceux du 2e au 3e degrés et du 3e au 4e sont médiocres.[1] Ex: **B**.

Le passage de l'accord du 4e degré à celui du 5e est un peu dur dans l'harmonie consonnante. On l'emploie cependant couramment. Ex: **C**.

Il est meilleur et même très bon, quand l'accord du 5e degré, précédé de celui du 4e, est suivi de l'accord de tonique. Cette succession forme le mot harmonique de 3 notes dont nous avons parlé ci-dessus (Chapitre II. N° 6,) et que plusieurs auteurs appellent la *cadence parfaite par excellence*. Mais à notre avis elle ne mérite ce nom que dans l'harmonie dissonnante. Ex: **D**

Quant au passage du 5e au 4e degré, il est généralement réprouvé dans le ton majeur. Mais tous l'admettent dans la gamme mineure. Ex: **E**.

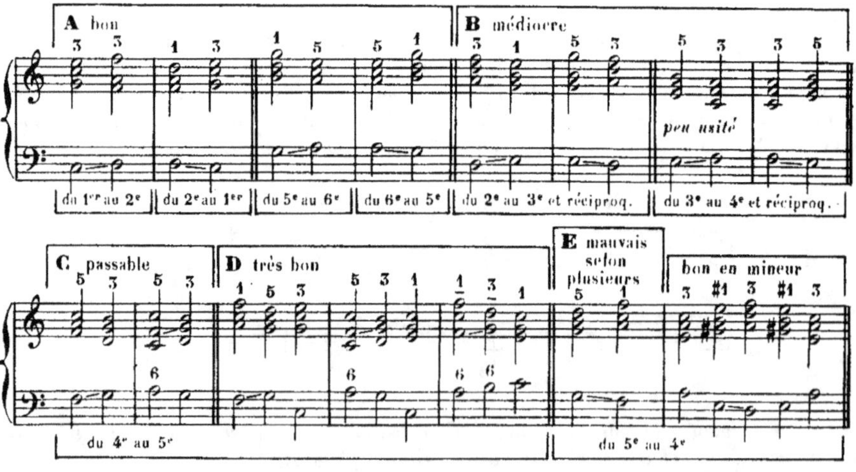

---

(1) Cela tient à ce qu'il y a entre eux moins de parenté. Si on les considère comme des accords de tonique, ils appartiennent à 2 tons qui ne sont pas voisins, car ils diffèrent par plus d'un accident à la clef.

OBSERVATION. «En thèse générale, l'harmonie a d'autant plus de douceur que le passage d'un accord à un autre s'effectue à l'aide d'une ou deux notes communes. Au contraire, plus on fait se succéder d'accords qui n'ont aucune note commune, plus on donne à l'harmonie de vigueur et même d'âpreté.

«L'emploi trop habituel du premier procédé affadirait l'harmonie. L'usage trop fréquent du second lui imprimerait un caractère dur, presque sauvage. C'est en les mélangeant tous les deux dans une juste proportion que l'on réussira à donner à l'harmonie ce cachet d'élégance austère, ce goût à la fois suave et fort qui convient aux choses de l'Eglise.» (Morelot, Eléments d'harmonie.)

§ II. — DES REPOS OU CADENCES.

On appelle cadences, dans l'harmonie, les diverses manières de terminer un morceau, ou une phrase dans le courant du morceau.

Il y a trois cadences principales: 1° La *cadence parfaite*, qui consiste dans l'accord de la tonique précédé de l'accord de la dominante, (Mot de 1er ordre. Voir page 12.)

2° La *cadence plagale*, qui consiste dans un accord de tonique précédé de l'accord de sous-dominante (mot de 2d ordre.)

3° La *Demi-cadence* ou *Cadence de suspension*, qui consiste dans un repos sur l'accord de la dominante précédé de celui de la sous-dominante.

Dans la cadence parfaite et dans la cadence plagale, l'accord de la tonique peut être employé dans son 1er renversement, et alors ce n'est plus qu'une cadence faible qu'on peut appeler *intermédiaire*, parce qu'elle ne s'emploie qu'à des repos faibles dans le courant d'un morceau.

Dans la demi-cadence on n'emploie que bien rarement le 1er renversement de l'accord de dominante.

Tout repos final, dans un morceau d'harmonie, doit se faire par une cadence parfaite ou au moins par une cadence plagale; quant aux repos intermédiaires, ils peuvent se faire par la demi-cadence ou par la cadence intermédiaire.

EXEMPLE:

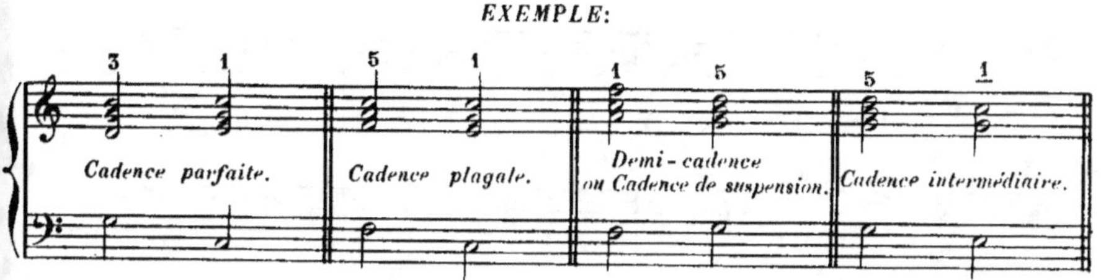

§ III. — EXERCICES

sur l'enchaînement des accords

Nous recommandons aux élèves de pratiquer les exercices suivants dans toutes les tonalités. (Les notes de la basse qui ne sont pas chiffrées doivent porter leur accord parfait direct.)

Nous rappelons que le chiffre 6 demande l'accord de sixte ou 1er renversement, et $\frac{6}{4}$ l'accord de 4te et sixte ou 2^d renversement.

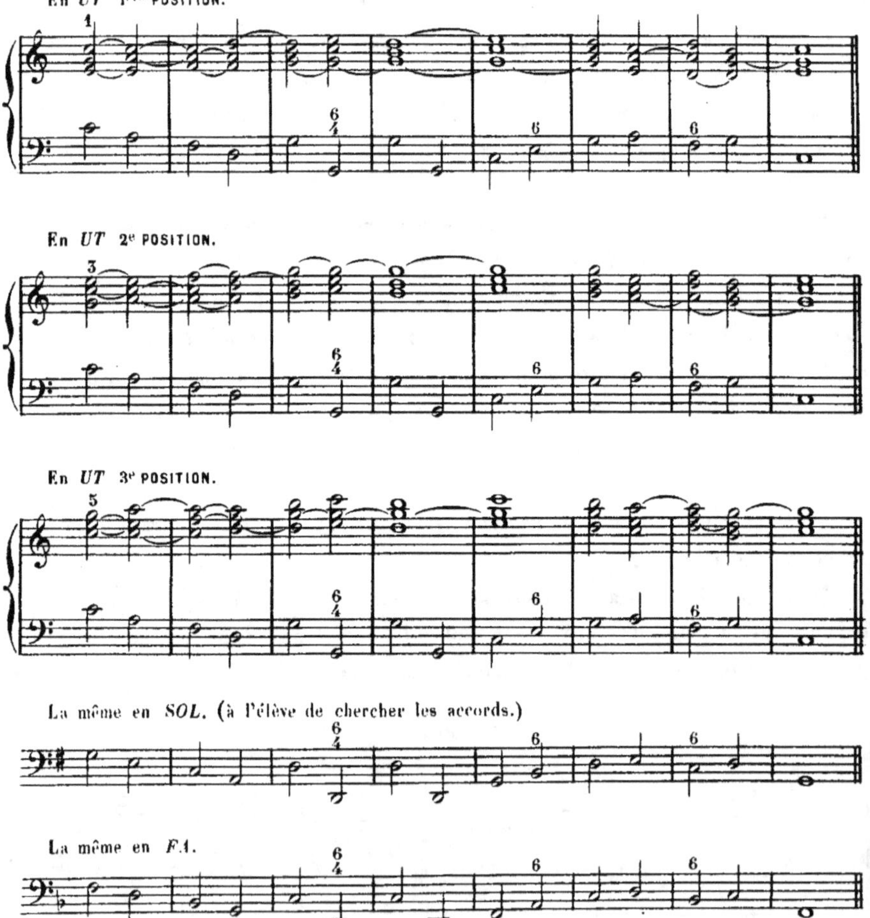

Chapitre V.

DE LA MARCHE DE LA BASSE.

§ I. _ DES MOUVEMENTS.

Comme moyen d'obtenir l'élégance et la douceur de l'harmonie, les auteurs conseillent de pratiquer autant que possible le mouvement contraire entre la basse et la partie supérieure.

On distingue trois sortes de mouvements entre le chant et la basse: le mouvement *direct* ou *semblable*, le mouvement *oblique*, et le mouvement *contraire*.

1° Le mouvement est *direct* ou *semblable*, quand les parties montent ou descendent en même temps. Exemple A.

2° Le mouvement est *oblique*, lorsque l'une des parties reste sur le même degré pendant que l'autre monte ou descend. Ex. B.

3° Le mouvement est *contraire* quand les 2 parties vont en sens inverse, c'est-à-dire quand l'une monte pendant que l'autre descend. Ex. C.

De ces trois mouvements, le dernier est le préférable; le premier est le moins bon.

Ce n'est pas à dire qu'il faille se mettre à la torture pour n'employer que le *mouvement contraire*. Il est même certains cas, selon la remarque judicieuse d'un auteur, où ce mouvement obstinément appliqué deviendrait peu gracieux.

«Il occasionnerait un trop grand éloignement entre les deux mains et rendrait ainsi la basse trop sourde et l'accompagnement trop confus. Il faut donc que le mouvement contraire soit le plus fréquemment employé; mais on ne doit pas craindre d'user aussi des deux autres.»

§ II. — MOYENS DE VARIER LA BASSE.

Dans sa marche, la basse doit être chantante. Dans ce but, on aura soin d'éviter les intervalles trop grands (l'octave exceptée), comme ceux de 9ème, de 7ème ou de sixte, surtout de sixte majeure, l'intervalle de tierce étant généralement préférable à celui de sixte. On devra éviter également tous les intervalles appelés augmentés ou diminués.

Il faut aussi éviter la monotonie dans les intervalles et varier leur succession autant que possible. On obtiendra ce dernier effet par l'emploi des accords accidentels et des renversements.

EXEMPLES:

Cela nous amène à dire un mot des **Substitutions ou Cadences rompues** et de l'emploi des accords renversés.

1° DES SUBSTITUTIONS OU CADENCES ROMPUES. — C'est le meilleur emploi que l'on puisse faire des accords accidentels. Nous avons vu ci dessus (page 12) que, dans les mots harmoniques, le premier accord appelle le second. Ainsi dans les mots de premier ordre, l'accord de la dominante demande l'accord de la tonique, afin que la note sensible du premier y trouve sa résolution. Mais, à la place de l'accord requis, on peut en substituer un autre, pourvu qu'il appartienne à la même gamme ou aux 'ons voisins et qu'il contienne la note réclamée.

Cette substitution, qui est d'un très bon effet, s'appelle *cadence rompue.*

EXEMPLES:

2° EMPLOI DE L'ACCORD DE SIXTE. — Nous avons dit que le premier renversement de l'accord parfait a, comme l'accord direct, ses 3 positions. La moins bonne est la seconde, celle où la note de basse se trouve répétée à la partie supérieure; elle

---

(1) On substitue ici l'accord de *La* à celui de *Do*, 3 à 1; c'est pour cela que l'on chiffre $\frac{1}{3}$.

est même souvent impraticable. Cela tient à ce que cette note de basse est d'or
dinaire une sensible, réclamant régulièrement une résolution. Or une double résolution donnerait une suite d'octaves, chose défendue, comme nous le dirons bientôt; et l'une des sensibles non résolue choquerait l'oreille. On évitera donc autant
que possible d'employer cet accord et de chiffrer 3̱ .

Dans les deux autres positions, au lieu de répéter la note de basse dans l'accord, il est préférable de répéter une autre note, celle de la partie supérieure. On
appelle cette forme de l'accord de sixte, forme indirecte. Nous indiquerons cette forme indirecte par une barre placée au dessus du chiffre: 1̄,5̄ Elle indique qu'il faut
doubler à la main droite la note de la partie supérieure.

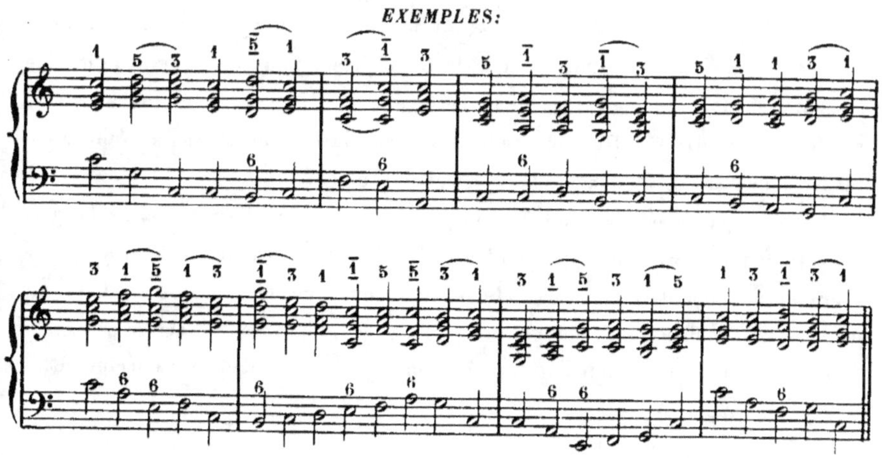

L'accord de sixte modérément employé donne de l'élégance à l'accompagnement.
On n'en fait pas seulement usage pour rompre la monotonie des successions de quinte
et de quarte dans la marche de la basse; mais aussi pour obtenir une harmonie plus
liée et plus coulante. Elle manquerait toutefois de fermeté et de vigueur si l'on faisait abus de cet accord.

Il est impossible de déterminer par des règles fixes quels sont les accords qu'il
faut renverser dans l'accompagnement d'une mélodie. La chose est laissée au goût de
l'organiste. Donnons seulement ici quelques exemples pratiques:

----

(1) Cette forme indirecte est totalement impossible dans la 2e position de l'accord de sixte, parce que la note
de basse s'y trouverait triplée.

3. EMPLOI DE L'ACCORD DE SIXTE ET QUARTE.— L'école moderne fait usage du second renversement de l'accord parfait, dans ses trois positions et dans sa forme directe, presque aussi couramment que de l'accord de sixte. Les anciens et les classiques l'emploient moins fréquemment. Il est surtout d'un bon effet dans les cadences finales.

Voici les cas les plus ordinaires où l'on peut user de cet accord.

Terminons ce chapitre par les sages observations d'un auteur déjà cité : « Si dans le dessin de la basse, il faut éviter le retour trop fréquent des mêmes notes et des mêmes mouvements qui accuserait la pauvreté et engendrerait la monotonie, il faut néanmoins se garder en cela de toute affectation et ne point se mettre l'esprit à la torture pour introduire, dans cette partie, une variété pénible et tourmentée, qui trahirait l'effort et rendrait l'harmonie d'autant moins agréable à entendre qu'on se serait donné plus de mal à l'enrichir.

« L'accompagnement ne doit être ni plat ou maussade, ni laisser sentir la préoccupation d'un harmoniste qui tient à diversifier ses formules... Une harmonie sobre et ne variant ses mouvements de basse que tout juste autant qu'il le faut pour ne pas tomber dans la monotonie, nous semblerait se conformer assez fidèlement au type des compositions syllabiques du XVIe siècle. » (Morelot. Éléments d'harmonie.)

Chapitre VI.

DES MODULATIONS

1. On peut varier encore davantage l'harmonie en considérant, dans la gamme, chacune des notes susceptibles d'être la base d'un accord, soit subordonné, soit accidentel, comme étant la base même d'une tonalité, et en faisant, quand le chant le permet, un ou plusieurs groupes d'accords dans cette tonalité nouvelle. En d'autres termes, on peut regarder les accords subordonnés ou accidentels comme des accords de tonique, et faire avec eux des mots harmoniques appartenant à la tonalité supposée.

C'est ce qu'on appelle *moduler*, c'est-à-dire changer transitoirement de mode ou de ton.

2. On distingue deux sortes de modulations: les modulations nécessaires et les modulations libres.

Les modulations *nécessaires* sont celles que rend obligatoires un accident mélodique, c'est-à-dire une note étrangère au ton, un dièse, un bémol, un bécarre accidentel dans le chant. On cherche alors, d'après la place des demi-tons, quelle est la tonalité déterminée par ces accidents, et l'on harmonise dans cette tonalité.

Les modulations *libres* sont celles que n'exige pas la marche du chant, et que l'on peut faire à volonté dans l'un ou l'autre des tons indiqués ci-dessus, c'est-à-dire dans le relatif du ton principal et dans les tons *voisins*, ainsi appelés, parce qu'ils ne sont séparés du ton principal que par un accident de plus ou de moins à la clef.

Exemples dans le ton d'Ut majeur:

On peut encore moduler d'un ton majeur dans le même ton mineur, et réciproquement; par exemple de *do majeur* en *do mineur*.

Il faut répéter ici, au sujet des modulations libres, ce que nous avons dit des accords accidentels. Ce sont des exceptions destinées à rompre la monotonie. On ne doit donc y recourir qu'exceptionnellement, sans entraver la marche du chant, et en ayant soin d'accentuer, avant et après, la tonalité principale.

3. Ces modulations permettent de multiplier les variations dans l'accompagnement des notes sur lesquelles on est obligé de faire une longue tenue. L'exemple suivant complète celui que nous avons donné précédemment sur tous les degrés de la gamme. (page 14.)

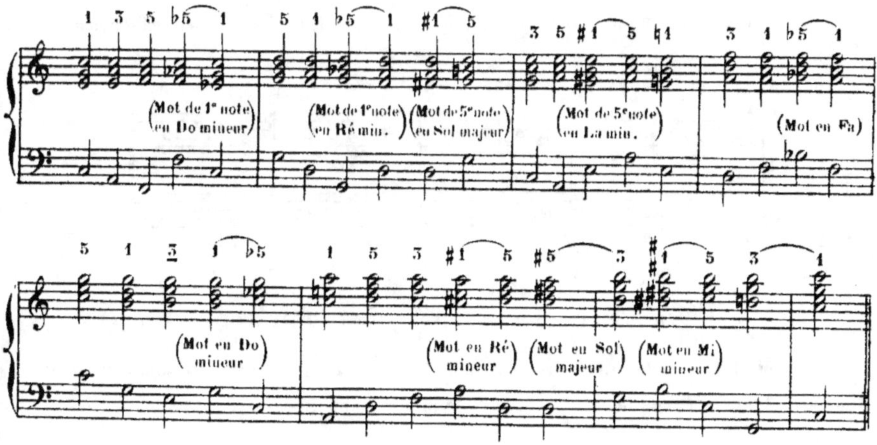

Chapitre VII.

DES DÉFAUTS À ÉVITER.

Il nous reste à parler de deux défauts qui peuvent se rencontrer fréquemment dans la suite des accords, et qui rendraient l'harmonie incorrecte. Ce sont les fausses relations et les successions de quintes et d'octaves directes.

§ I.— DES FAUSSES RELATIONS.

On donne ce nom au rapport faux, non naturel, existant entre un son que l'on vient d'entendre dans un accord et un autre son entendu dans l'accord suivant.

Les auteurs ne s'accordent pas parfaitement sur les cas précis de fausses relations. Pour nous, l'unique cas est celui où une note entendue dans un accord, se trouve haussée ou baissée d'un $\frac{1}{2}$ ton à l'accord suivant, mais dans une partie différente.(Exemples **A, A**[bis])ou dans la même partie, mais à une octave différente. (Ex. **B.**)

La mauvaise relation n'existe pas si les deux notes restent sur le même degré et dans la même partie, surtout si une ou plusieurs parties de l'accord demeurent stationnaires.

§ II.— DES SUCCESSIONS DE QUINTES ET D'OCTAVES.

1° Il est défendu de faire entendre, dans la succession des accords, soit *deux quintes*, soit *deux octaves* successives, dans le mouvement direct.

Les successions de quintes sont défendues, parce qu'elles font entendre deux tonalités différentes, c'est-à-dire que la partie haute est dans un ton, tandis que la partie basse est dans un autre ton.

Les suites d'octaves sont mauvaises, parce qu'il y a, dans leur succession, absence d'harmonie, pauvreté musicale. Elles ne sont défendues que s'il y a d'autres notes entre celles de l'octave. Quand il n'y en a pas, elles sont considérées comme unisson et permises.

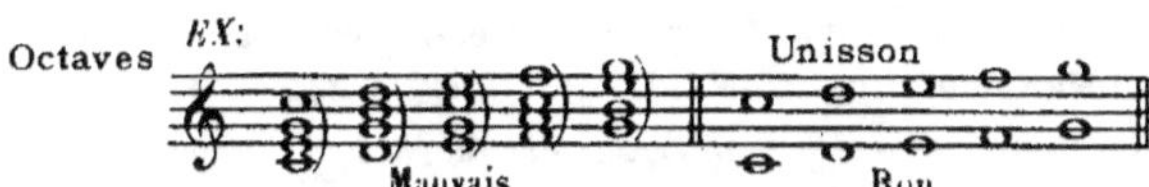

On peut répéter plusieurs fois de suite la même quinte ou la même octave. Ces successions ne sont interdites que sur des notes différentes.

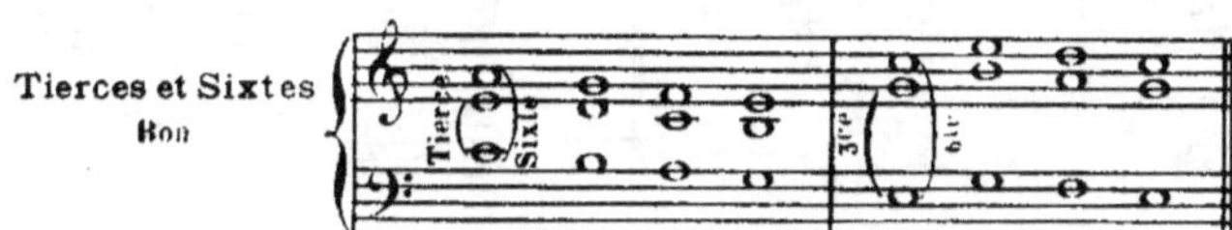

Les tierces et les sixtes peuvent se succéder par mouvement semblable soit en montant, soit en descendant. Ainsi les marches suivantes sont bonnes:

2° Il y a toujours succession de quintes et d'octaves à la fois quand deux accords directs se suivent dans la *1re position* et par mouvement semblable.

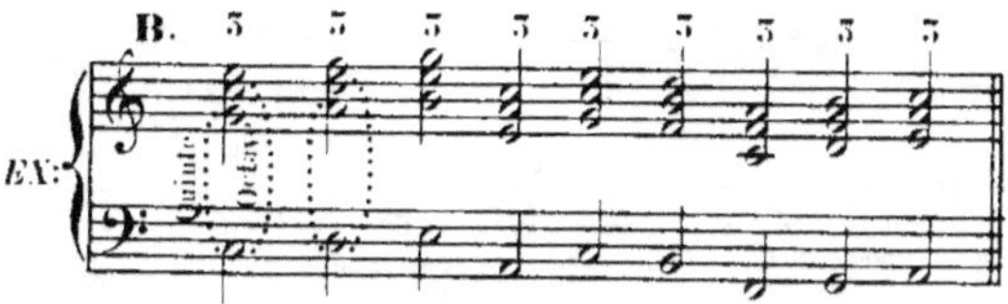

La même chose a lieu si les accords sont dans la *seconde position.*

Enfin l'on aura des successions de quintes si les accords se suivent dans la 3ᵉ position, quand même la basse irait en sens contraire.

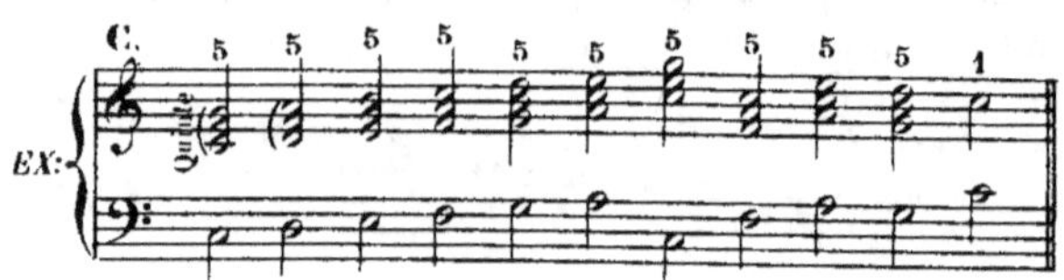

3° Comment donc éviter ces successions de quintes et d'octaves directes ?_
Il y a plusieurs moyens.

a) Le premier et le meilleur c'est de ne jamais faire entendre successivement deux accords dans une position semblable, ce que l'on obtiendra en se gardant de mettre deux fois de suite les chiffres 1, ou 3, ou 5, sur des notes différentes.

En d'autres termes si une note est accompagnée par l'accord de son octave, il faut donner à la suivante l'accord de sa tierce ou de sa quinte inférieure et réciproquement.

Ainsi l'on pourra chiffrer comme il suit les mélodies des exemples **A,B,C,** ci-dessus.

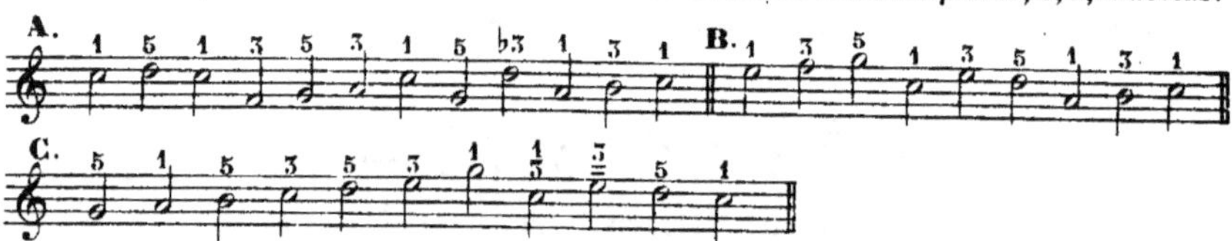

b) Quand on veut accompagner deux notes successives par deux accords dans leur *première position*, il faut nécessairement renverser l'un de ces accords.

Quand on veut mettre à la suite deux accords dans leur *seconde position*, il faut ou supprimer dans l'un d'eux la note qui gêne (la quinte de l'accord) ou bien doubler dans l'un ou l'autre la note supérieure[1].

A. NOTES SUPPRIMÉES

B. NOTES DOUBLÉES

---

(1) Nous avons déjà dit que cette forme d'un accord s'appelle *forme indirecte*. Nous l'indiquons par un — au dessus du chiffre. Nous barrons le chiffre désignant l'accord dont une note doit être supprimée.

c) Quand on emploie la succession de deux accords dans leur troisième position, il faut tout à la fois renverser l'un des accords et l'employer dans sa forme indirecte, c'est-à-dire doubler sa note supérieure.

Donc en résumé, chaque fois que l'on fait suivre le chiffre 1 sur des notes différentes, il faut employer le 1er renversement à l'un des accords.

— Chaque fois que l'on a plusieurs 3 de suite, il faut employer soit un accord indirect, soit une suppression de note.

— Chaque fois que se succèdent deux ou plusieurs 5 il faut renverser l'un des accords et l'employer dans sa forme indirecte.

4° Les quintes et les octaves successives ne sont strictement défendues que dans le mouvement direct ou semblable. On les tolère lorsque les parties marchent par mouvement contraire. Ainsi beaucoup d'artistes exécutent comme il suit les mots harmoniques du 5e ou du 4e degré tombant sur la tonique.

Les suites d'octaves ne sont défendues que dans l'harmonie à trois ou quatre parties. Quand on compose ou que l'on accompagne à six, sept ou huit parties, cette règle n'existe plus. Il y a même des cas où l'on double le chant en octaves afin de mieux imprimer une idée. Ainsi l'on fera très bien:

---

(1) Nous regardons ces groupes comme médiocres. Il vaut mieux chiffrer: 5 1, 1 5, ou bien 1 $\frac{+1}{3}$ en faisant une cadence rompue.

DEUXIÈME PARTIE.

De l'Accompagnement du Plain-Chant.

C'est de l'harmonie consonnante que l'on se sert d'ordinaire pour accompagner et harmoniser le chant liturgique; et l'on y emploie deux formes d'accompagnement différentes, suivant la façon dont ce chant s'exécute: l'accompagnement syllabique ou traditionnel, et l'accompagnement dit grégorien ou à notes mélodiques.

Nous allons traiter de ce double accompagnement en deux sections différentes.

SECTION PREMIÈRE

De l'Accompagnement syllabique.

Chapitre I.

NATURE DU PLAIN-CHANT

ET CONSTITUTION DE SES DIVERS MODES.

Pour bien harmoniser le Chant liturgique, l'organiste doit se faire une juste idée de la nature de ce genre de chant, qui diffère assez notablement de la musique moderne. De là ce Chapitre préliminaire.

1. On appelle *Plain-Chant* le genre de musique diatonique d'un rhythme particulier, que l'Eglise romaine emploie dans la célébration des saints offices.

a) Le plain-chant, dit aussi chant liturgique, grégorien ou ecclésiastique, est essentiellement *diatonique*, c'est-à-dire que les sons qu'il emploie se suivent tous par tons et demitons naturels, tels qu'ils se présentent dans la gamme ordinaire. Il n'emploie jamais les successions de la gamme chromatique, c'est-à-dire deux ou plusieurs demi-tons de suite.

b) C'est un chant d'un *rhythme spécial*. On a dit parfois que le plain-chant n'est pas rhythmé: c'est une erreur. Il n'y a point de mélodie sans rhythme, parce qu'alors il n'y aurait point *d'air*, pas de chant proprement dit.

Mais, dans le plain-chant, la marche des sons n'est pas mesurée en temps égaux comme dans la musique moderne. Il a une allure plus libre, plus grave, plus semblable à celle du discours. Ses mesures à lui, ou pour mieux dire ses divisions naturelles, ce sont les neumes ou groupes de notes, les mots avec leurs accents, et les pauses ou cadences qui forment comme la ponctuation des phrases.

Ces divers éléments combinés produisent d'eux-mêmes un rhythme, c'est-à-dire une certaine proportion dans le mouvement, une sorte de dessin mélodique, moins régulier sans doute que la carrure des phrases de la musique, mais que l'on peut comparer au *nombre oratoire*, aux périodes d'un beau discours, et qui satisfait d'instinct l'oreille de l'auditeur.

Nous expliquerons plus en détail, dans la seconde section, ce qui concerne le rhyth-me du chant grégorien.

2. Le chant liturgique diffère encore de la musique moderne par sa modalité, c'est-à-dire par sa manière d'échelonner les sons dans l'étendue d'une octave.

Nous avons vu qu'en musique il n'y a que deux modes: le mode majeur, et le mode mineur, caractérisés par la place des demi-tons dans la gamme.

Le plain-chant en compte quatorze, que l'on réduit d'ordinaire à huit. Ils sont caractérisés 1° par les limites de leur octave, 2° par leur finale, 3° par leur note dominante, 4° par la place de leurs demi-tons.

Pour en avoir une idée exacte, il faut savoir que, sur chacune des sept notes ré, mi, fa, sol, la, si, ut, on a formé deux tonalités, ou deux modes relatifs, l'un dont l'échelle se trouve tout entière au-dessus de la fondamentale, appelée *finale*, l'autre dont l'étendue commence une quarte au-dessous. On donna au 1ᵉʳ le nom de mode *authentique*, c'est-à-dire originaire, et au second celui de mode *plagal*, c'est-à-dire dérivé du 1ᵉʳ.

On obtint de la sorte 14 modes, dont 7 authentiques et 7 plagaux. En voici le tableau complet, avec leur échelle, leur finale, leur dominante, et la place de leurs demi-tons.(La finale est soulignée 2 fois, la dominante une fois.)

1ᵉʳ, AUTH.	................RÉ mi fa sol *la* si do ré
2ᵉ, PLAG.	....la si do RÉ mi fa sol la
3ᵉ, AUTH.	..................MI fa sol la si *do* ré mi
4ᵉ, PLAG.	.........si do ré MI fa sol *la* si
5ᵉ, AUTH.	..................FA sol la si *do* ré mi fa
6ᵉ, PLAG.	...........do ré mi FA sol *la* si do
7ᵉ, AUTH.	...............SOL la si do *ré* mi fa sol
8ᵉ, PLAG.	...............ré mi fa SOL la si *do* ré
9ᵉ, AUTH.	....................LA si do ré *mi* fa sol la
10ᵉ, PLAG.	..................mi fa sol LA si *do* ré mi
11ᵉ, AUTH.	...................SI do ré mi fa *sol* la si
12ᵉ, PLAG.	.................fa sol la SI do ré *mi* fa
13ᵉ, AUTH.	....................DO ré mi fa *sol* la si do
14ᵉ, PLAG.	.... sol la si DO ré *mi* fa sol

4. A l'inspection de ce tableau, il est facile de faire les remarques suivantes:

a) Tous les modes *impairs* sont authentiques, tous les modes *pairs* sont plagaux.

b) Chaque mode se divise naturellement en 2 parties: une 5te et une 4te superposées.

— **c)** Il existe une relation étroite entre chaque mode plagal et le mode authentique qui le précède. Ils ont la même quinte et la même quarte. Mais dans le mode authentique la quarte est à l'aigu et au-dessus de la quinte, tandis que dans le mode plagal qui le suit, la quarte est au grave et au-dessous de la quinte. Il en résulte que le mode plagal descend une quarte plus bas que le mode authentique correspondant.

— 5. La *finale* d'un mode est la note qui termine régulièrement tout morceau composé de son échelle diatonique. La note la plus grave de la quinte qui entre dans la constitution d'un mode est en même temps sa note finale. Par conséquent la finale d'un mode plagal est toujours la même que celle du mode authentique qui lui correspond.

— 6. Après la finale, la note la plus essentielle d'un mode c'est sa *dominante*. On appelle ainsi celle qui revient le plus souvent dans un morceau et sur laquelle se chante le corps des versets d'un psaume.

Dans les modes impairs, la dominante est à la 5te au-dessus de la finale. La dominante des modes pairs est à la tierce au-dessus de cette finale. Il y a exception quand cette quinte ou cette tierce est un *si* (note variante prenant parfois le ♭) ou bien quand l'échelle du morceau commence par un *si* ou un *mi*. Dans ce cas la dominante monte d'un degré.

7. Les quintes et les quartes qui entrent dans la composition des modes ou tons du plain-chant diffèrent de nature par la position diverse des ½ tons, qui se trouvent toujours du *mi* au *fa* et du *si* à l'*ut*, à quelque degré que commence l'échelle diatonique. *EX:*

Ainsi, dans le 1er et le 2e modes, la quinte et la quarte ont le $\frac{1}{2}$ ton du 2e au 3e degré.

Dans le 3e et le 4e modes, la quinte et la quarte l'ont du 1er au 2^d degré.

Dans le 5e et le 6e modes, les $\frac{1}{2}$ tons se trouvent du 4e au 5e degré à la quinte, et du 3e au 4e degré à la quarte.

Dans le 7e et le 8e modes, ils sont du 3e au 4e à la quinte, et du 2e au 3e à la quarte.

Dans le 9e et le 10e modes, ils sont du 2e au 3e à la quinte, et du 1er au 2e à la quarte.

Dans le 11e et le 12e, ils se trouvent tous les deux à la quinte, du 1er au 2^d degré et du 4e au 5e.

Dans le 13e et le 14e, ils sont du 3e au 4e degré à la quinte et à la quarte.

8. Bien que plusieurs de ces modes soient renfermés dans la même octave ou aient la même échelle diatonique, on remarquera qu'ils diffèrent tous cependant ou par la position de la quinte et de la quarte, ou par la place des $\frac{1}{2}$ tons, ou par la finale ou la note dominante.

9. Nous avons dit que les quatorze modes du plain-chant sont souvent réduits à huit. En comparant ces différents modes entre eux, on vit que plusieurs avaient une grande analogie. Ainsi le 9e qui a le *La* pour fondamentale, ressemble au 1er, excepté par la position du 2^d $\frac{1}{2}$ ton. En abaissant dans le 1er mode la note *si*, à l'aide du ♭, on le rend exactement semblable au 9e. Exemple:

On a transposé ainsi dans le 1er mode la plupart des morceaux du 9e, et on les a désignés sous le nom de 1er in A,[1] c'est-à-dire en *la*, pour indiquer leur origine.

On a également transposé les morceaux du 10e dans le 2^d, ceux du 11e dans le 3e etc.., toujours par le moyen du *si* ♭.

Cette tranposition est probablement la cause de tant de morceaux du 1er, du 2^d et du 6e modes où l'on trouve le *si* ♭ à la clef. De graves auteurs prétendent que, dans le principe, *le si* ♭ ne s'employait pas, ou du moins ne s'employait que très rarement et seulement pour éviter le triton ou passage du *fa* au *si* naturel, appelé par les anciens le *diable en musique, diabolus in musica*.

---

[1] On a longtemps exprimé les 7 notes de la musique par les 7 premières lettres de l'alphabet A, B, C, D, E, F, G, la, si, do, ré, mi, fa, sol. On se sert encore de ces lettres pour désigner la terminaison des psaumes.

Certaines éditions de chant liturgique emploient encore les 14 modes. D'autres ont conservé plusieurs morceaux non transposés. La plupart des livres de chant indiquent les anciens modes en ajoutant la lettre de leur ancienne finale ou du commencement de leur échelle à la suite du chiffre qui désigne le ton dans lequel ils ont été transformés.

Le tableau suivant montre la manière dont sont écrits d'ordinaire les 14 modes, et la façon dont les 6 derniers ont été fondus avec les 6 premiers.

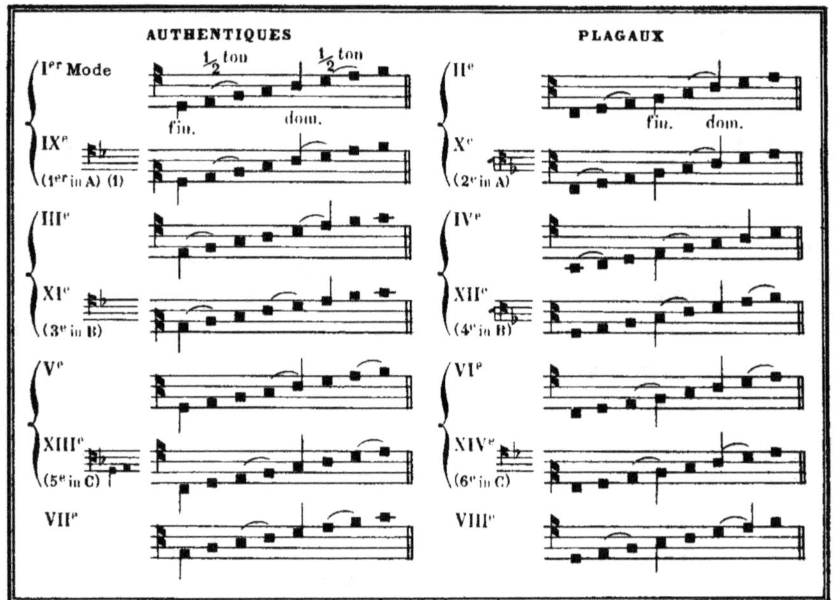

10. L'étendue naturelle de chaque mode comprend une octave. Quand le morceau composé d'après un mode se renferme exactement dans cette octave, on dit qu'il est *parfait* ou *régulier*. Un morceau ne cesse pourtant pas d'être régulier quand il ne monte ou ne descend que d'une note au dessus ou au dessous de son octave.

Un morceau s'appelle *irrégulier* ou surabondant, s'il dépasse d'une tierce les limites de l'octave.

On dit qu'un morceau est *mixte* quand il réunit l'étendue de l'authentique à celle du plagal. Les tons mixtes peuvent monter une octave au dessus de leur finale, et descendre une quarte au dessous. Ainsi le premier mode mixte, correspond au 1er et au 2e modes réunis.

---

(1) Cette clef indique la manière dont on a ordinairement transposé ces modes dans les livres modernes.

H.

Chapitre II.

DE L'HARMONISATION SYLLABIQUE ORDINAIRE DU PLAIN-CHANT

L'accompagnement le plus communément employé jusqu'à ce jour est l'accompagne_ment syllabique du chant placé à la partie supérieure. On l'appelle syllabique parce qu'il consiste à faire entendre, sous chaque note de la mélodie, un accord différent.

Ce système, qui est de beaucoup le plus facile, est le plus pratique pour tous ceux qui n'ont pas le temps de faire de longues et sérieuses études musicales. Il suffit à produire une harmonisation satisfaisante du chant liturgique, et il convient mieux que tout autre au chant simplifié de nos éditions modernes, encore en usage dans la plupart des diocèses.

Enfin, ce genre d'accompagnement est la base de tout autre système, et c'est par lui qu'il faut débuter, si l'on veut plus tard exécuter convenablement les autres. Nous allons en donner ici les règles les plus communément admises par les maîtres de l'é_cole plain-chantiste.

§ I.—RÈGLES DE CET ACCOMPAGNEMENT.

1. L'idée principale de ces maîtres, c'est que les mélodies grégoriennes ne peuvent comporter une harmonie basée uniquement sur le système moderne, mais que leur ac_compagnement doit être essentiellement modal, conservant au plain-chant son carac_tère propre, calme, simple et éminemment religieux. Voici les règles qu'ils ont for_mulées pour atteindre ce but.

Ire RÈGLE.—*Emploi exclusif de l'harmonie consonnante*[1]; *usage modéré du 1er renversement ou accord de sixte; usage plus rare de l'accord de sixte-quarte ou 2d renversement.* Quelques auteurs proscrivent même absolument ce dernier. Pour nous, nous ne croyons pas devoir l'exclure, surtout dans les cadences du 5e et du 6e modes, dont l'échelle est très musicale. Nous admettons même son emploi ordinaire dans les morceaux à mouvement rapide, pourvu qu'il soit préparé ou que la basse procède par mouvements conjoints. (Voir 1re partie. Chap. 5e p. 22.)

Voici quelques exemples de cet emploi de l'accord de sixte et quarte.

---

[1] Plusieurs harmonistes admettent l'usage de l'accord de *quinte diminuée*. Nous partageons l'avis de ceux qui l'excluent absolument, 1° parce que cet accord appartient à l'harmonie dissonante, comme nous l'avons déjà fait observer; 2° parce qu'il réalise l'intervalle de *triton*, le *diabolus in musica*, si opposé à la tonalité grégo_rienne.

Il y a trente ans, on exécutait le plain-chant avec une lenteur excessive, et on l'accompagnait presque exclusivement avec des accords directs. On n'usait du premier renversement que par exception, pour éviter les suites de quintes ou d'octaves. Mais, avec le chant plus léger et plus alerte qui prévaut aujourd'hui, il faut éviter les trop grands écarts de la basse et sa marche continuelle par quinte et par quartes, dont le mouvement rapide fatigue l'oreille. Voilà pourquoi il est devenu nécessaire de recourir à l'usage assez fréquent des deux renversements.

IIᵉ RÈGLE.— *Emploi exclusif des sons de l'échelle du mode.* En d'autres termes, on ne doit admettre, dans les accords, aucune note étrangère au mode dans lequel est écrit le morceau.

Le *si* ♭ fréquemment employé, soit à la clef, soit accidentellement, dans les chants des 6 premiers modes, peut entrer couramment dans leur accompagnement, alors même que cette note ne se trouverait pas dans le membre de phrase mélodique.

On n'en usera que par exception dans les chants des 7ᵉ et 8ᵉ modes. Par contre, si le *si* ♭ est à la clef, on n'admettra qu'exceptionnellement le si ♮ dans les accords.

Beaucoup d'auteurs réclament l'emploi du *fa* ♯ dans l'accompagnement des 7ᵉ et 8ᵉ modes. Nous ne pouvons approuver cette pratique, et nous croyons qu'il faut proscrire absolument toute autre altération que le *si* ♭, afin de conserver au plain-chant son caractère propre, si différent des formes de la musique moderne.

Nous ne ferions exception que pour quelques morceaux des 3ᵉ, 4ᵉ, 7ᵉ et 8ᵉ modes où, à tort croyons-nous, la coutume a introduit l'emploi de ce *fa* ♯ dans la mélodie, bien qu'il n'y soit pas écrit. S'il est exprimé dans le chant, il faut bien l'admettre dans l'accompagnement.[1]

IIIᵉ RÈGLE.— *Exclusion absolue du demi-ton chromatique.* Nous avons dit que le chant grégorien est essentiellement diatonique et qu'il n'admet jamais de suite 2 ou plusieurs $\frac{1}{2}$ tons. C'est pour cette raison qu'il faut exclure de l'accompagnement la succession de plusieurs notes à la distance d'un $\frac{1}{2}$ ton, et que les exemples suivants sont défectueux.

IVᵉ RÈGLE.— *Emploi exclusif* des *cadences* ou *formules de repos qui conviennent à chaque mode.* Chacun des modes du plain-chant a des formes de terminaison qui lui sont propres et qui dérivent de la constitution de son échelle. Ce sont elles que l'on doit appliquer à la fin des phrases mélodiques ou des morceaux, et non les formules de cadences harmoniques de la musique moderne, afin de ne pas altérer et dénaturer la tonalité ecclésiastique.

---

(1) Voici les principaux morceaux où la mélodie admet d'ordinaire le fa ♯ à quelques passages: le *Veni Creator*, 8ᵉ mode; le *Lauda Sion* 7ᵉ mode; le *Verbum supernum* 8ᵉ mode; le *Credo* ordinaire 4ᵉ mode; le *Sanctus* de la messe des doubles de 1ʳᵉ et 2ᵈᵉ classe, du 8ᵉ mode; le *Beatus servus* de la Communion à la messe des Confesseurs pontifes *Sacerdotes*, du 3ᵉ mode, dans les éditions qui l'ont transposé du XIᵉ.

L'école dite *musicale* a l'habitude de protester contre cette règle au nom du bon goût, en prétendant que ces cadences barbares choquent l'oreille. Elle semble oublier que les cadences mélodiques des quatre premiers modes, et aussi celles du 7e et du 8e modes diffèrent elles-mêmes absolument des cadences mélodiques de la musique, et qu'il est impossible de ne pas les défigurer en leur appliquant les cadences harmo_ niques ordinaires.

Nous essaierons d'ailleurs de satisfaire les tenants de cette école, en employant toujours à la fin des phrases, dans les dits modes, la cadence *plagale* qui est propre au plain-chant, _ils ne peuvent le nier,_ et qui choque moins l'oreille que les fausses relations et les demi-cadences auxquels ils sont obligés de recourir pour rester *mu_ sicaux*, comme ils le disent. Et n'est-ce pas au plain-chant que la musique moderne a emprunté cette cadence plagale qui produit, de leur aveu, de fort beaux effets?

Quant aux repos secondaires ou suspensifs, ils seront suffisamment exprimés par l'accord direct de la dernière note dans sa première position, ou par une cadence soit parfaite, soit plagale dans une position quelconque.

2. En dehors de ces formules propres des cadences ou repos, nous n'admettons point qu'il y ait des *gammes ou suites d'accords* propres à chacun des modes. Tou_ tes les notes de l'échelle d'un morceau quelconque sont susceptibles de recevoir trois accords, celui de leur octave, celui de leur tierce inférieure ou celui de leur quinte infé_ rieure, c'est-à-dire de se chiffrer 1, 3 ou 5, aux seules conditions d'observer les règles qui précèdent et d'enchaîner ces accords d'après les lois d'une bonne harmonie. (Il n'y a d'ex_ ception que pour le *si* ♮ qui ne peut se chiffrer 1, parce que le résultat donnerait non pas un accord parfait, mais un accord de quinte diminuée comme nous l'avons déjà fait remarquer)

On peut donc varier l'accompagnement à plaisir et lui donner des combinaisons in_ nombrables. On s'en convaincra facilement par les exemples qui suivent.

§ II. _ FORMULES ET EXEMPLES.

Pour faciliter l'application de ces règles, nous allons donner ici tout d'abord un for_ mulaire général et varié, composé des successions d'accords les plus usitées et applica_ bles à tous les modes. Puis nous donnerons les formules des cadences finales propres aux divers modes, avec quelques exemples de morceaux harmonisés dans chacun de ces modes.

I. FORMULAIRE GÉNÉRAL DE VARIATIONS.

Outre les successions d'accords dont la basse fait une quarte ou une quinte, voici une série de successions diverses que l'on emploie d'ordinaire pour varier l'accompagnement. Ces formules roulent autour de chacune des sept notes ré, mi, fa, sol, la, si, do, prises sur_ tout comme initiales ou comme finales d'un membre de phrase. On y trouvera donc les cadences de suspension ou repos intermédiaires sur chacune de ces notes.

exceptionnellement   suspension
Mi

Fa
Sol

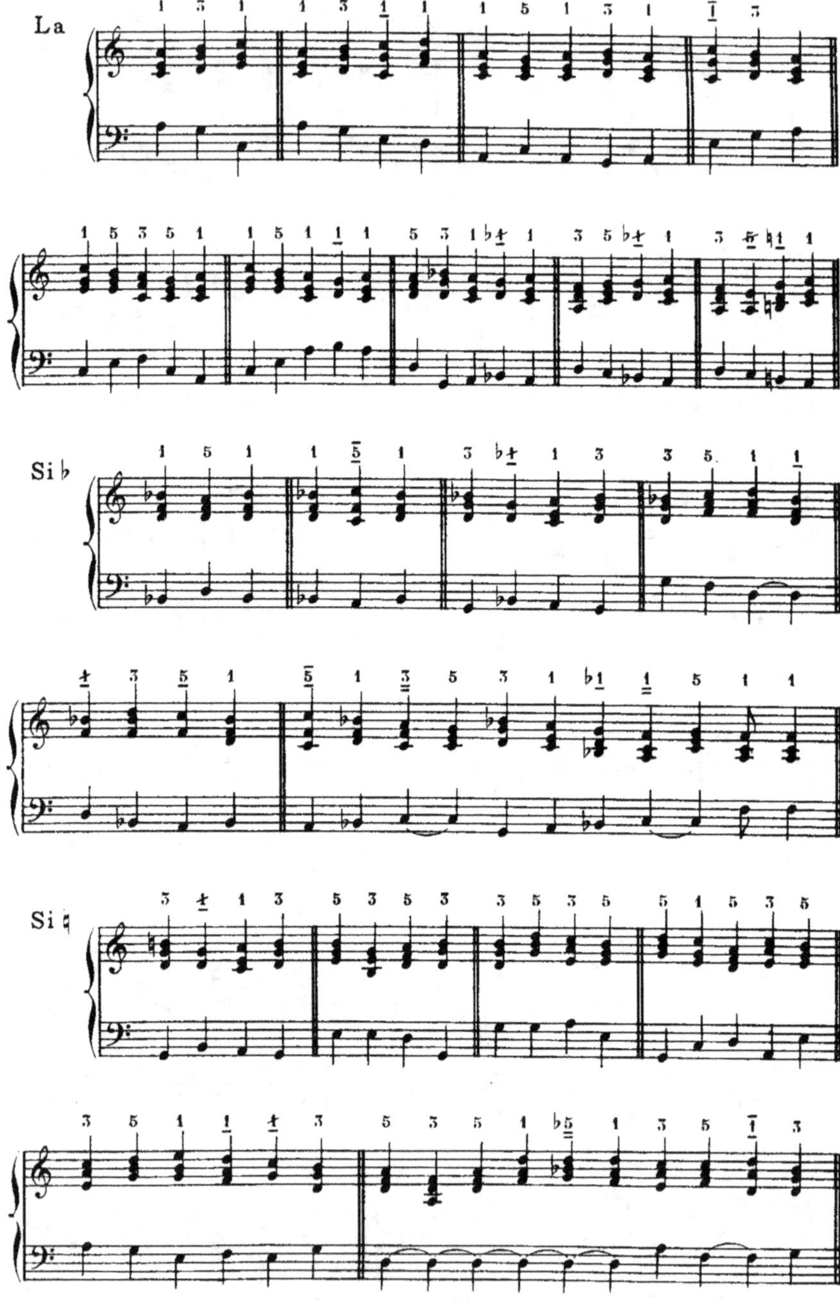

La
Si♭
Si♮

Le reste s'apprendra par l'usage.

II. CADENCES FINALES ET MORCEAUX DES DIVERS MODES[1]

Comme chaque mode plagal a des rapports très intimes avec le mode authentique correspondant et qu'il a la même finale, nous unirons toujours les formules de ca_dences et les exemples de l'un et de l'autre.

A. Ier et IIe MODES

1o CADENCES FINALES (plagales)

<hr>

(1) Nous suivrons, dans tous nos exemples, le chant de l'édition de Rennes, l'une des plus répandues en France et celle que préférait le savant Niedermeyer.

2° *EXEMPLES*

I⁰ʳ MODE. Kyrie de la 1ᵉʳᵉ Messe de Dumont

II⁰ MODE. Kyrie de la 2ᵉ Messe de Dumont (écrit à l'octave supérieure pour plus de facilité)

1º CADENCES FINALES: Sur le Mi (plagales)

Amen.

C. Vᵉ et VIᵉ MODES

Iᵒ **CADENCES FINALES.** _ Ces deux modes, très musicaux, terminent toutes leurs phrases par des cadences parfaites sur le *fa*. Inutile de les indiquer ici. On les trouvera au *formulaire* qui précède, note *fa*.

Ve MODE. Adoro te
A_do_ro te de_vo_te, latems De_i_tas, Quœ sub his fi_gu _ ris ve_re la_ti_tas,
Ti_bi se _ cor me _ um to_tum subjicit, Qui_a te con_tem plans to_tum de_fi_cit
Et in unum (Credo des doubles maj.)
Et in u_num Dominum JesumChristum Fi_lium De_i u_ni ge_nitum. Et ex Patre natum. etc.
VIe MODE. Gloria de la 3e Messe de Dumont (passages)
Et in ter_ra pax ho_mi ni_bus bo_nœ vo_lun_ta_tis. Lauda_mus te. Be_ne_di_cimus te
A_do_ra_mus te. Glo_ri_fi_ca_mus te... Qui tol_lis pec_ca_ta mundi mi_se_re_re no_bis.
O Salutaris
O Sa_lu_ta_ris hos _ ti_a, Quœ cœ_li pandis os_tium, Bel_la premunt hosti _ li_a,
Da ro_bur, fer au _ xi _ li_um. A _ _ men A_ _ men.

1º CADENCES FINALES

A. CADENCES PLAGALES

B. CADENCES PARFAITES (exceptionnelles)

2· *EXEMPLES*

VIIᵉ MODE. Asperges me

H.

li be ra nos semper, Vir-go glori-o - sa - et be - ne - dic ta.
VIIIᵉ MODE. Verbum Supernum
Exemples avec le Fa # traditionnel
Verbum su - per - num pro-di-ens, Nec da-tris linquens dex-te-ram
Ad o-pus su-um ex - i-ens, Ve-nit ad vi - tæ ves-peram. A - men
Veni Creator
Ve-ni Cre - a-tor Spi - ri-tus, Mentes tu-o-rum vi - si-ta; Im-ple su -
-perna gra - ti-a, Quæ - tu cre - as-ti pec-to-ra A - men.

Chapitre III.

DE LA TRANSPOSITION.

---

§ I. — RÈGLES GÉNÉRALES DE LA TRANSPOSITION

La transposition consiste à reproduire un chant, avec son accompagnement, plus haut ou plus bas qu'il n'est écrit, afin de le placer dans le véritable dia_pason des voix qui doivent l'exécuter. Transposer c'est donc exécuter un morceau musical dans un autre ton que celui de la notation.

Cet *autre ton* s'obtient par la formation instantanée d'une nouvelle gamme ou échelle ayant pour point de départ une tonique ou finale différente de celle du ton primitif. Ainsi, pour hausser d'un ton un morceau qui se rapporte à la gamme *d'Ut majeur*, je devrai le lire et l'accompagner dans le ton de *ré maj.*

Tout morceau peut se transposer de onze manières différentes, selon que l'on prend l'une ou l'autre des douze notes du clavier pour tonique.

Dans ce changement, on doit respecter tous les intervalles, c'est à dire que les $\frac{1}{2}$ tons doivent se retrouver entre les mêmes degrés dans la nouvelle échelle. C'est ce qui s'obtient au moyen des dièses et des bémols à la clef.

Voici quelques règles pratiques qu'un organiste doit bien posséder pour ne pas tâtonner dans la transposition.[1]

---

[1] Nous n'avons pas à parler ici de la transposition mécanique qui s'opère par le simple déplacement du cla_vier transpositeur. Sans nier les réels avantages de cette ingénieuse invention, nous ferons remarquer que beau_coup d'harmoniums sont encore dépourvus du clavier mobile, et qu'on ne le trouve presque jamais sur l'orgue à tu_yaux. La manœuvre du clavier transpositeur a d'ailleurs l'inconvénient d'interrompre le chant et de faire languir l'office divin, surtout quand il faut accompagner des morceaux très variés qui se succèdent rapidement, tels que les antiennes de certaines Vêpres. Enfin l'organiste ne sera jamais très habile, s'il n'est pas capable d'accompagner le plain-chant dans tous les tons usités. Nous l'engageons donc vivement à se mettre à même de pouvoir se passer du clavier transpositeur.

1.° Pour hausser d'un ton un morceau de musique, il faut ajouter à la clef 2 dièses ou en retrancher 2 bémols. Et réciproquement, quand on veut baisser d'un ton, on a_ joute 2 bémols ou l'on retranche 2 dièses.

Si l'on a un bémol à la clef, il faut, pour hausser d'un ton, retrancher le bémol et y substituer un dièse. Si l'on a un dièse, il faut, pour baisser d'un ton, retrancher le diè_ se et y substituer un bémol.

Pour hausser de 2 tons, on ajoutera quatre ♯ ou l'on retranchera quatre ♭. Et l'on doit compter sur autant de fois deux accidents que l'on veut hausser ou bais_ ser de tons.

Mais cette règle ne s'applique qu'aux tons pleins et non aux demi-tons. En voici une autre applicable à tous les cas.

2°. Une fois connue la tonique du morceau non transposé, il faut voir ce que de_ viendra cette tonique après la transposition. Elle indiquera au musicien exercé le nom_ bre d'accidents sur lequel il doit compter. (Voir le Tableau des diverses tonalités, 1ᵉʳᵉ Partie, p. 3)

EXEMPLES: Je suis dans le ton de *do* qui n'a rien à la clef. Je veux jouer deux tons et demi plus haut. La tonique *do* deviendra la tonique *fa*; et comme en fa il y a un bémol à la clef, je devrai toujours faire le *si ♭*.— Je suis en *si ♭* et je veux baisser d'un ½ ton; la tonique deviendra *la*. Or, en *la* maj. il y a 3 dièses *fa, do, sol*; il me faudra donc supposer ces 3 dièses à la clef.

3°. On comprend facilement que la clef change avec la transposition. L'organiste devra donc savoir lire couramment la musique qu'il transpose sur la nouvelle clef que lui donne ce changement. Il devra s'exercer à lire ainsi sur toutes les clefs pos_ sibles.

4°. Quand un morceau a trop d'accidents, cinq ou six par exemple, on peut, sans modifier la clef ou la lecture, le rendre plus facile à exécuter. Pour cela on le joue un demi-ton plus haut ou plus bas. Ainsi au lieu de *ré ♭* qui a 5 bémols à la clef, on peut jouer dans le ton de *ré* naturel qui n'a que deux dièses. Au lieu de *fa ♯* maj. qui a 6 dièses, on jouera en *fa* naturel qui n'a qu'un bémol. Pour faire ce changement d'un ½ ton, il faut toujours compter sur 7 accidents. Ainsi, pour avoir *do* naturel au lieu de *do ♯*, il faut retrancher 7 dièses. Pour avoir *si ♭* au lieu de *si* naturel, il faut retrancher les 5 dièses qui sont à la clef et ajouter deux bémols.

5°. Il faut avoir soin, dans le cours du morceau, de tenir compte de tous les ♯, ♭, ♮ accidentels qui surviennent, et les remplacer dans la transposition par leurs équiva_ ents, de manière que tous les ½ tons et autres intervalles soient conservés à leur place.

Par exemple, si de *do* nous transposons en *la* qui a 3 dièses *fa, do, sol*, un *si ♭* accidentel dans le chant donnera un *sol ♮* dans la transposition.

§ II. _ DE LA TRANSPOSITION DU PLAIN-CHANT.

Beaucoup de morceaux du chant grégorien ont besoin d'être transposés. C'est même une nécessité pour tous ceux de plusieurs modes, du 2ᵉ par exemple qui descend fréquemment au *la* grave et monte seulement au *la* normal, et du 7ᵉ qui monte au *sol* aigu.

Pour qu'un chant puisse s'exécuter facilement en chœur, il ne doit pas monter plus haut que le *mi* aigu, ni descendre au dessous du *si* ♭ grave.

Comme moyen d'atteindre ce but, beaucoup d'auteurs transposent les divers modes du plain-chant de façon à ce qu'ils aient tous la même note pour dominante, *sol* quand les voix de basse sont en majorité, *la* quand l'ensemble des voix est moins grave.

Nous trouvons ce système par trop absolu, et nous croyons qu'il faut avoir égard non seulement à l'ensemble des voix qui forment le chœur, mais encore au caractère du mode qui demande plus ou moins d'acuité, à la nature du morceau dont l'étendue est plus ou moins grande, au degré de solennité des fêtes etc... Nous ne sommes donc point partisan de l'uniformité absolue des dominantes, et nous sommes d'avis qu'il faut les varier suivant les circonstances et les besoins.

Voici les règles de transposition qui nous paraissent convenir le mieux à chaque mode :

Le **1ᵉʳ Mode** s'exécute généralement tel qu'il est écrit : (dom. *la*). On peut le hausser ou le baisser d'un ton, (dom. *si* ♮ ou dom. *sol*), selon l'étendue des voix et la nature des morceaux.

Le **2ᵉ Mode** doit être haussé d'un ton (dom. *sol)*, ou de deux (dom. *la)*, ou même de deux et demi (dom. *si* ♭).

Le **3ᵉ Mode** se joue souvent dans le ton naturel, (dom. *do*) ; il est parfois avantageux de le baisser d'un ton (dom. *si* ♭)

Le **4ᵉ Mode** peut se jouer au naturel, (dom. *la*), ou s'élever d'un ton, (dom. *si* ♮).

Le **5ᵉ Mode** doit être baissé d'un ton ou d'un ton ½, (dom. *si* ♭ ou *la*).

Le **6ᵉ Mode** s'exécute généralement comme il est écrit, (dom. *la*) ; on peut aussi l'élever ou le baisser d'un ton (dom. *si* ♮ ou *sol*).

Le **7ᵉ Mode** se baisse de 2 tons (dom. *si* ♭), ou de 2 tons ½ (dom. *la*).

Le **8ᵉ Mode** se baisse d'un ton (dom. *si* ♭), ou se joue au naturel (dom. *do*).

Notons encore que la dominante uniforme *la* est très favorable à la psalmodie, et qu'il est bon par conséquent d'exécuter toutes les antiennes des psaumes avec cette dominante.

Le tableau suivant indique les transpositions les plus usuelles de chacun des mo_
des du plain-chant, la façon de lire pour transposer, et l'armature de la clef de_
mandée par chacune de ces transpositions

§ III._ TABLEAU DES TRANSPOSITIONS USUELLES.

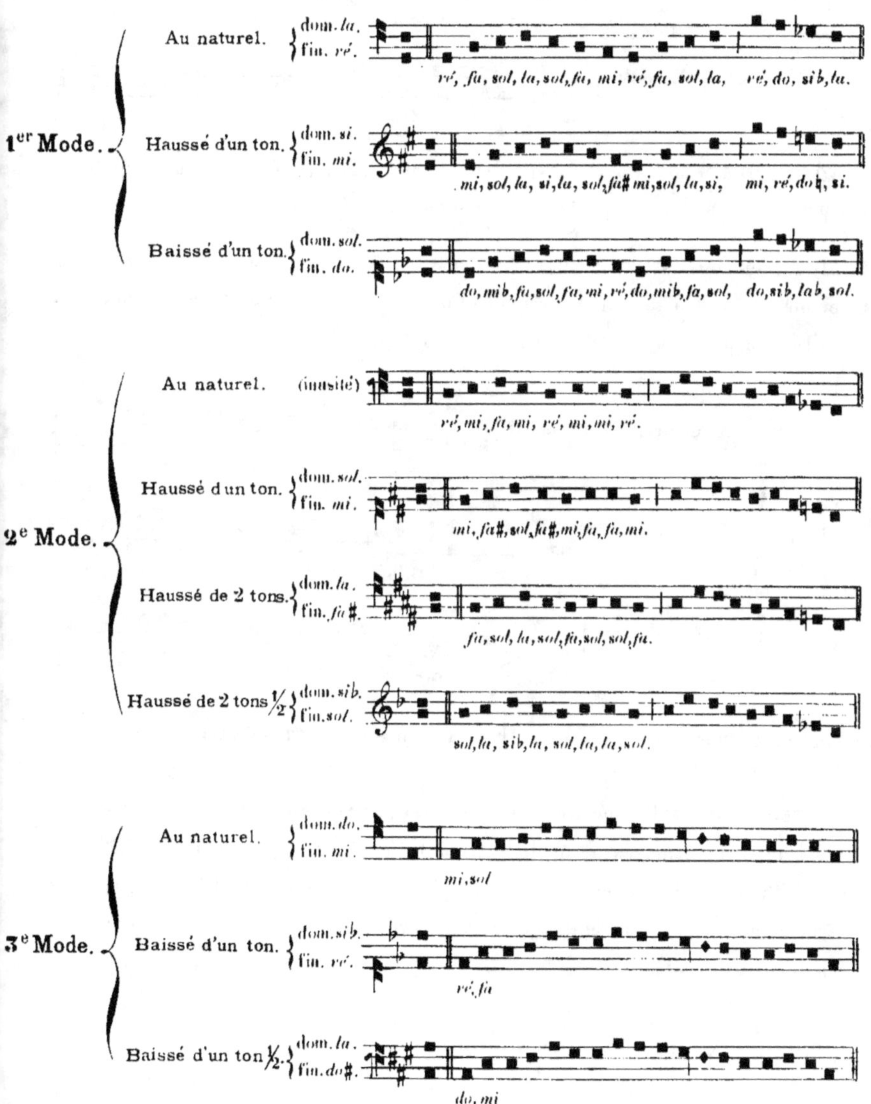

4ᵉ Mode, comme le 1ᵉʳ: dom. *la*, *si* ♮ ou *sol*.—(finale *mi*, *fa* ♯ ou *ré*.)

NOTA. — Quand au naturel le *si* ♭ est à la clef, la clef de la 1ʳᵉ transposition devra porter 3 bémols, et celle de la seconde seulement 2 dièses.

6ᵉ Mode, comme le 1ᵉʳ: dom. *la*, *si* ♮ ou *sol*, (finale *fa*, *sol* ou *mi* ♭). Quand au naturel on a le *si* ♭ à la clef, la transposition à la dom. *si* ne demande qu'un dièse, mais la transposition à la dom. *sol* exige 3 bémols.

8ᵉ Mode, comme le 3ᵉ: dom. *do*, *si* ♭ ou *la* (finale *sol*, *fa* ou *mi*).

REMARQUE. — A l'inspection de ce tableau, on voit que toutes ces transpositions s'opèrent au moyen de 5 clefs, trois d'*Ut*, une de *fa* et une de *sol*. L'élève devra s'habituer à lire couramment le plain-chant sur ces 5 clefs différentes. Les exercices du chapitre suivant exécutés avec persévérance le rendront en peu de temps un habile transpositeur.

Chapitre IV

EXERCICES SUR TOUS LES MODES ET DANS TOUS LES TONS USITÉS.

Comme mise en pratique des règles qui précèdent, nous allons donner dans ce chapitre une suite d'exemples chiffrés. Pour en tirer parti et se former à l'accompagnement, l'élève devra s'astreindre aux exercices qui suivent.

1°. Il transcrira d'abord chaque morceau sur la première ligne d'une double portée de musique. Puis, ayant étudié, au chapitre second, les formules et exemples du mode auquel appartient le morceau, il fermera le livre et il chiffrera lui-même au crayon chacune des notes qu'il vient de transcrire. Il comparera ensuite son chiffrage avec celui de la méthode, et il le modifiera d'après ce dernier.

2°. Ce premier travail terminé, il écrira la basse sur la seconde portée; puis, il complètera chacun des accords.

3°. Il s'exercera ensuite à jouer le morceau ainsi harmonisé, et il ne le quittera pas jusqu'à ce qu'il l'exécute facilement et avec rapidité.

4°. Ayant fait successivement la même chose pour tous les morceaux de chaque mode, il reprendra ce livre et devra s'exercer à trouver les accords sur l'orgue et à accompagner à la seule inspection des notes chiffrées.

5°. Il chiffrera ensuite lui-même, sur un livre de plain-chant, un grand nombre de morceaux; puis enfin il s'habituera à jouer en se contentant d'un simple chiffrage mental.

6°. Quand le jeune organiste accompagnera correctement et aisément dans tous les tons naturels, il devra s'appliquer à la transposition, en commençant par exécuter un ton plus haut.

Il s'exercera d'abord à lire couramment chaque morceau dans son échelle nouvelle, et le jouera à l'unisson sur l'harmonium. Puis l'écrivant sur papier de musique, il renouvellera la série des exercices indiqués ci-dessus, en entreprenant successivement les transpositions qui exigent un plus grand nombre d'accidents à la clef et qui, par là même, sont d'une exécution plus difficile.

Que l'on ne s'effraie pas d'un pareil travail, qui doit paraître bien compliqué au premier abord. L'étude approfondie du premier mode rendra facile celle des autres modes; et quand, après des efforts suffisants, on sera parvenu à exécuter d'une manière convenable les premières transpositions, les autres ne présenteront plus grande difficulté.[1]

Pas d'illusion d'ailleurs: la théorie toute seule ne suffit pas et elle ne fera jamais un accompagnateur parfait; il faut nécessairement y joindre un travail sérieux et des exercices assidus.

Du courage, de la persévérance, et bientôt ce ne sera plus qu'un jeu d'exécuter n'importe quel morceau de plain-chant dans tous les tons de la gamme, ce à quoi il faut nécessairement arriver pour devenir un vrai praticien.

§ I. — MORCEAUX DES HUIT MODES ORDINAIRES.[2]

1er MODE.

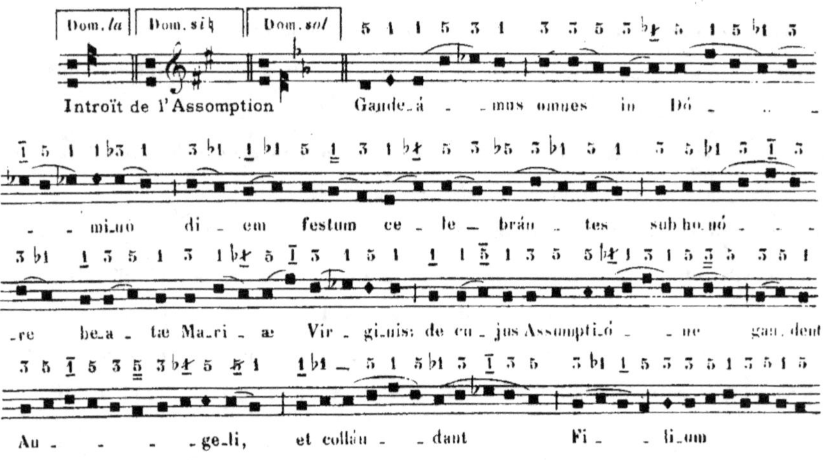

---

[1] Nous connaissons un jeune organiste qui s'est acharné à transposer, en haussant d'abord d'un demi-ton, puis d'un ton, puis d'un ton et demi etc… jusqu'à ce qu'il eût épuisé toutes les notes de la gamme chromatique, et cela sans jamais modifier le mode de lecture.

A chaque nouveau changement, il indiquait, par des morceaux de papier collés au dessus des touches de son piano, la place nouvelle des huit notes qui seules sont employées dans le plain-chant et dans son accompagnement, ré, mi, fa, sol, la, si♭, si♮, do.

Après quelques mois d'exercices assidus, il jouait indifféremment dans n'importe quel ton, et il en est résulté pour lui une facilité extraordinaire à transposer toute sorte de musique sans avoir besoin d'apprendre à lire sur des clefs supposées.

Peut-être cette méthode est-elle la plus facile et la plus expéditive, et nous en conseillons volontiers l'emploi.

[2] Un u entre les chiffres désigne les passages ou les notes qui s'accompagnent à l'unisson.

De _ _ i. E ruc_tà_vit cor meum ver_bum bo_num: di_co...ópe_ra me_a Re _ gi.
Offert. de la Messe Sancti tui (Com. Mart. T. P.)
Lae_tà _ _mi_ni iu Do_ _mi_no et e _
xul _ tà _ _te jus_ _ti: et glo_ _ri_à_
mi_ni om_ _nes rec_ _ti cor _ _ _de
al_le _ _ _ _lu _ ia, al_le_lu _ _ ia.
Du Credo de DUMONT.
Ge_ni_tum, uou fac_tum, consubstauti_a_lem Pa_tri: per quem ouu_ni_a fac_ta sunt.
Qui propter uos ho_mi_nes, et propter uostram sa_lu_ _tem des_cen_dit de cœ_ _ _lis.
Cru_ci_fi_xus e_ti_am pro no_bis sub Pou_ti_o Pi_la_ to, passus et se_pul_ tus est.
Et re_sur_re_xit ter_ti_a di_e se_cun_dum scriptu_ _ras.
Des Vêpres d'un Conf. Pont.
A_ma_vit e _ um Do_ _mi_nus et or_na_vit
e _ um: stolam glo_ri_æ in_du_it e_um, et ad portas pa_ra_di_
_si co_ro_na_vit e_um, Al_le _ lu_ia.

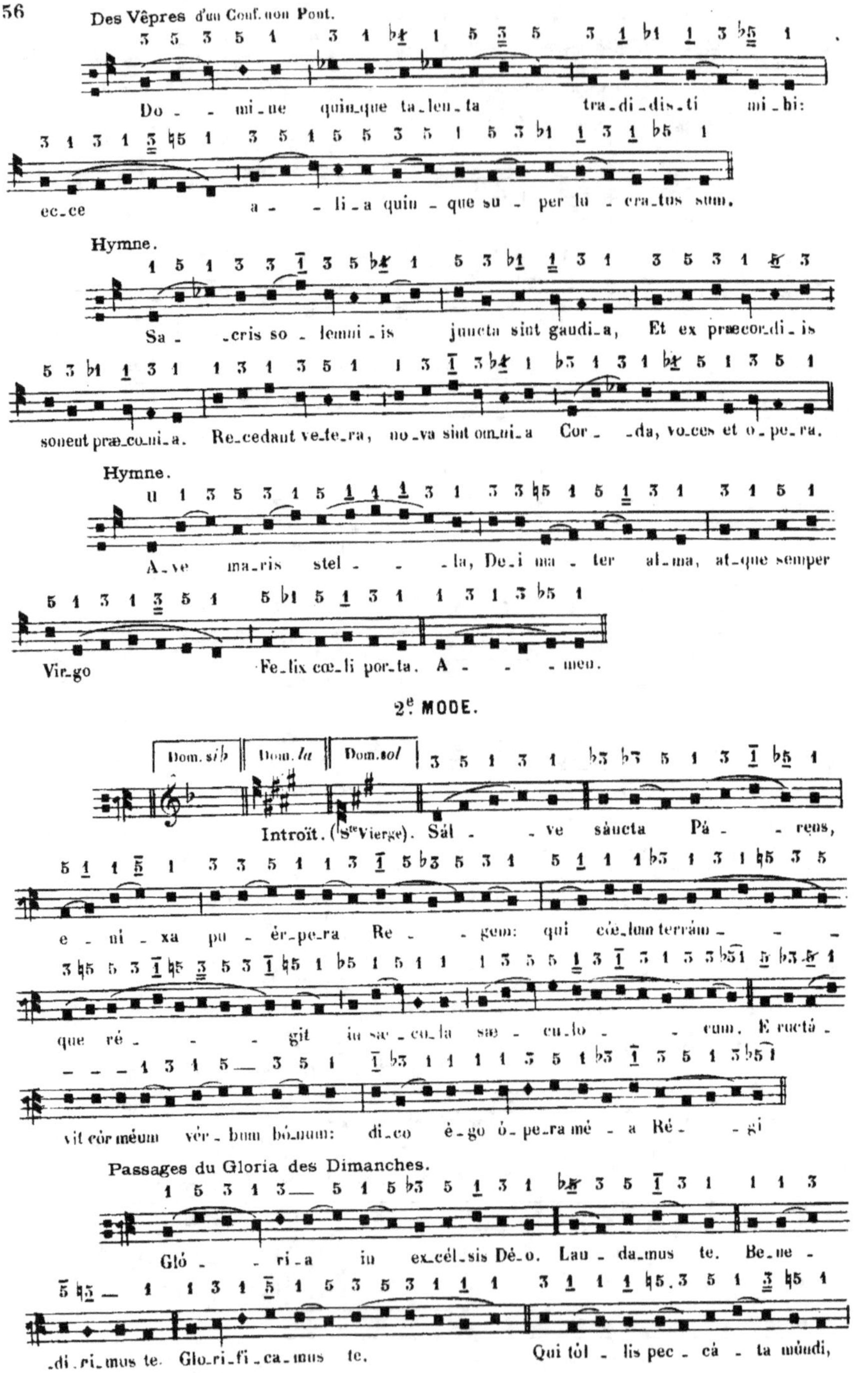

Des Vêpres d'un Conf. non Pont.

Do - mi - ne quin - que ta - len - ta tra - di - dis - ti mi - bi:

ec - ce a - li - a quin - que su - per lu - cra - tos sum.

Hymne.

Sa - cris so - lemni - is juncta sint gaudi - a, Et ex praecor - di - is

sonent prae - co - ni - a. Re - cedant ve - te - ra, no - va sint omni - a Cor - da, vo - ces et o - pe - ra.

Hymne.

A - ve ma - ris stel - la, De - i ma - ter al - ma, at - que semper

Vir - go Fe - lix cœ - li por - ta. A - men.

2ᵉ MODE.

Dom. si♭ | Dom. la | Dom. sol

Introït. (Ste Vierge). Sal - ve sancta Pa - rens,

e - ni - xa pu - ér - pe - ra Re - gem: qui cœ - lum terram _

que ré - git in sæ - cu - la sæ - cu - lo - rum. E ructa -

vit cor méum vér - bum bó - num: di - co e - go ó - pe - ra mé - a Ré - gi

Passages du Gloria des Dimanches.

Gló - ri - a in ex - cél - sis Dé - o. Lau - da - mus te. Be - ne -

di - ri - mus te. Glo - ri - fi - ca - mus te. Qui tól - lis pec - cà - ta mùndi,

mi_se_ré_re uo_bis. Cum Sánc_to Spi_ri_tu in glo_ri_a De_i
Pa_______tris. A_______meu.
Agnus Dei (2e Messe de Dumont)
A_guus De_i qui tól_lis pec_cá_ta múu_di, mi_se_ré_re uo_bis.
A_guus De_i qui tol_lis pec_cá_ta muu_di, mi_se_ré_re uó_bis.
Passages du Dies iræ (2e Mode Mixte)
Di_es i_ræ, di_es il_la, sól_vet saí_clum in fa_vil_la:
tes_te Da_vid cum si_byl_la. Tu_ba mi_rum spar_geus so_uum
per se_pulcra re_gi_o_uum, Coget om_ues an_te trouum. Li_ber scrip_tus
pro_fe_ré_tur, Iu quo to_tum con_ti_né_tur, Un_de mundus ju_di_cé_tur.
La_cri_mó_sa di_es il_la qua re_surget ex fa_vil_la. Pi_e Je_su
Do_mi_ne, do_ua e_is re_qui_em. A___meu,
Ant. O. Doctor
O Doc_tor óp___ti_me, Ec_clé_si_æ sanc_tæ lu_meu,
be_a_te Am_bró___si, di_vi_næ le_gis a_má_tor,

1 5 1 5 5 b3 5 1 b5 3 b5 1 3 1 3 b51 5 1 5 b5 1
de _ pre_cā _ re pro no_bis Fi _ li _ um De _ i, Al _ le _ lú _ ia.

Hymne des Complies
1 1 1 3 1 1 3 3 1 1 1 1 3 1 3 1 3 1 5 1 1
Te lu _ cis an_te tér _ mi_num, Rerum cre_á _ tor, pos_ci_mus:

5 5 1 b1 5 5 3 b1 1 5 b3 _ 5 1 5 b1 5 1 3 1 1 b5 1 1 3 1 +b5 1
Ut pro tu_a cle _ men _ ti _ a Sis præ_sul et cus_to_di_a. A _ _ men.

3e MODE

Dom. do | Dom. si b | Dom. la | Dom. sol | 3 1 5 5 1 5 1 1 5 5 1 5 1 5
Introït. (Fête de St Pierre) Nunc sci _ o ve _ _ re

1 _ _ 5 1 5 _ _ 1 3 5 1 5 1 5 1 5 1 5 3 5 3 _ _ 3 b1 1 5 3 3 1
qui_a mi _ _ sit Dó _ _ mi_nus An _ _ _ gelum su _ _ _ um,

3 _ 1 3 5 _ 1 3 1 1 b+ 5 5 3 1 3 5 1 5 5 1 5 3 5 3 1
et e _ ri _ pu_it me de ma_nu He _ _ _ _ ró _ dis,

3 3 1 5 1 3 5 5 3 5 3 3 1 5 5 5 1 5 1 3 1 b5 1 b+ 5 3
et de om _ ni ex_pec_ta _ ti_ó _ _ ne ple _ _ bis Ju _ dæ _

1 5 1 5 1 51 3 5 _ 1 _ _ _ _ 5 5 1 5 5 1 3 5 1 _ _ _
_ ó _ rum. Ps. Dómi_ne, probás_ti me et cognovis_ti me: tu co _ gnovis_ti

_ _ _ _ _ 5 1 3 _ _ _ 5 5 _ 5 3 5 5 3 51
ses_si _ ó_nem me_am et re_sur_rec _ ti _ ó _ nem me_am.

Graduel. de la Transfigur.
3 _ 5 1 3 1 1 1 5 1 5 1 5 1 3 1 3 1 1 5 3 1 5 1 5 5 1 _ 5
Speci_o _ _ sus for _ _ _ _ _ ma præ fi _ li_is

1 3 _ _ 5 5 5 3 1 5 1 5 1 5 3 1 3 3 5 3 1 5 5 1 5 5 1 _ _ 3 1 b+ 1
ho_minum: dif_fú _ sa est gra _ ti _ a

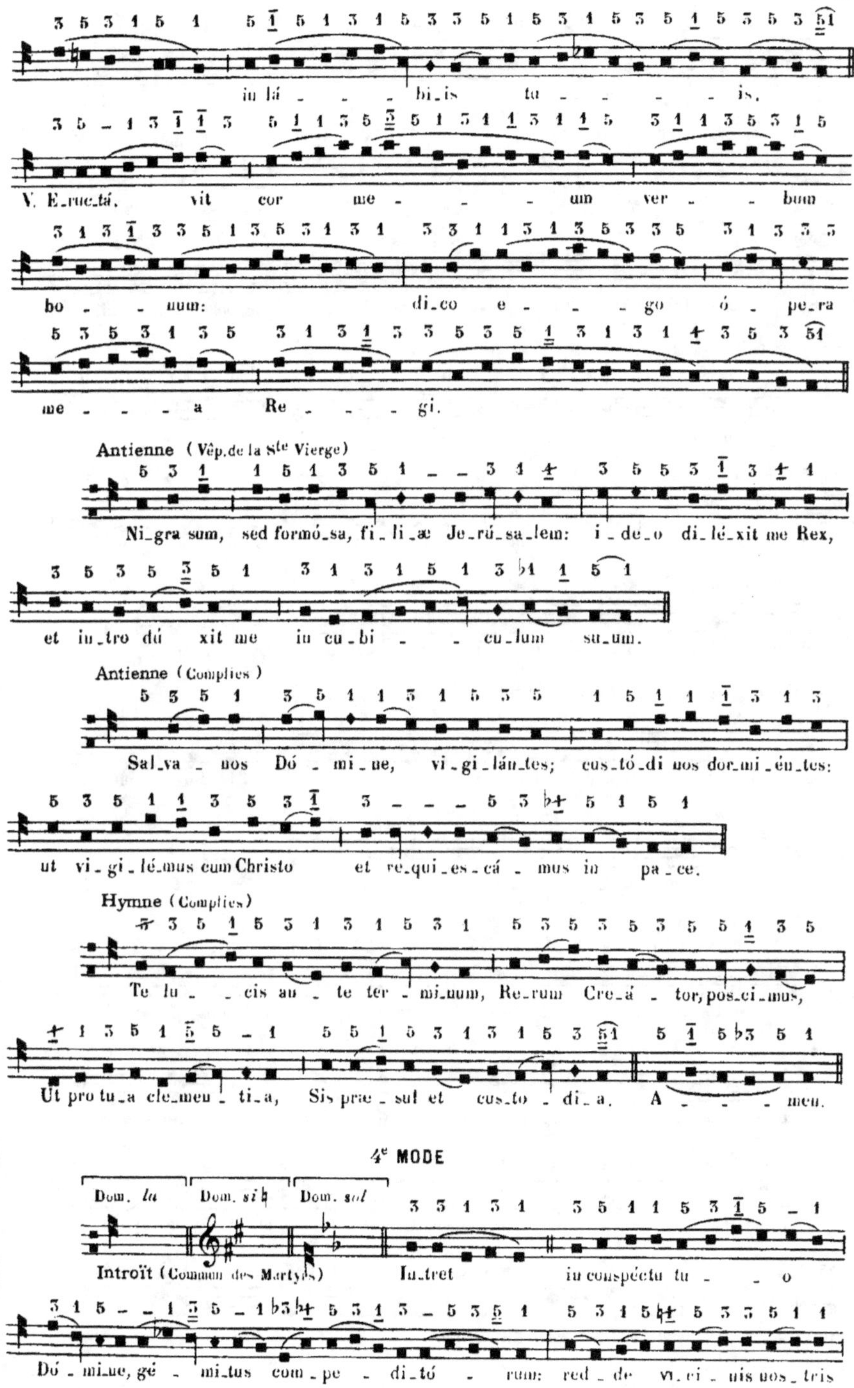

in lá _ _ bi_is tu _ _ _ is,
V. E_ruc_tá_ vit cor me _ _ um ver _ bum
bo _ num: di_co e _ _ go ó _ pe_ra
me _ _ a Re _ _ gi.
Antienne (Vêp. de la Ste Vierge)
Ni_gra sum, sed formó_sa, fi_li_æ Je_rú_sa_lem: i_de_o di_lé_xit me Rex,
et in_tro_dú_xit me in cu_bi _ _ cu_lum su_um.
Antienne (Complies)
Sal_va _ nos Dó _ mi_ne, vi_gi_lán_tes; cus_tó_di nos dor_mi_én_tes:
ut vi_gi_lé_mus cum Christo et re_qui_es_cá _ mus in pa_ce.
Hymne (Complies)
Te lu _ _ cis au _ te ter _ mi_num, Re_rum Cre_á _ tor, pos_ci_mus,
Ut pro tu_a cle_men _ ti_a, Sis prae _ sul et cus_to _ di_a. A _ _ _ men.
4e MODE
Dom. la   Dom. si♮   Dom. sol
Introït (Commun des Martyrs)   In_tret in conspéctu tu _ _ o
Dó _ mi_ne, gé _ mi_tus com_pe _ di_tó _ rum: red_de vi_ci_nis nos_tris

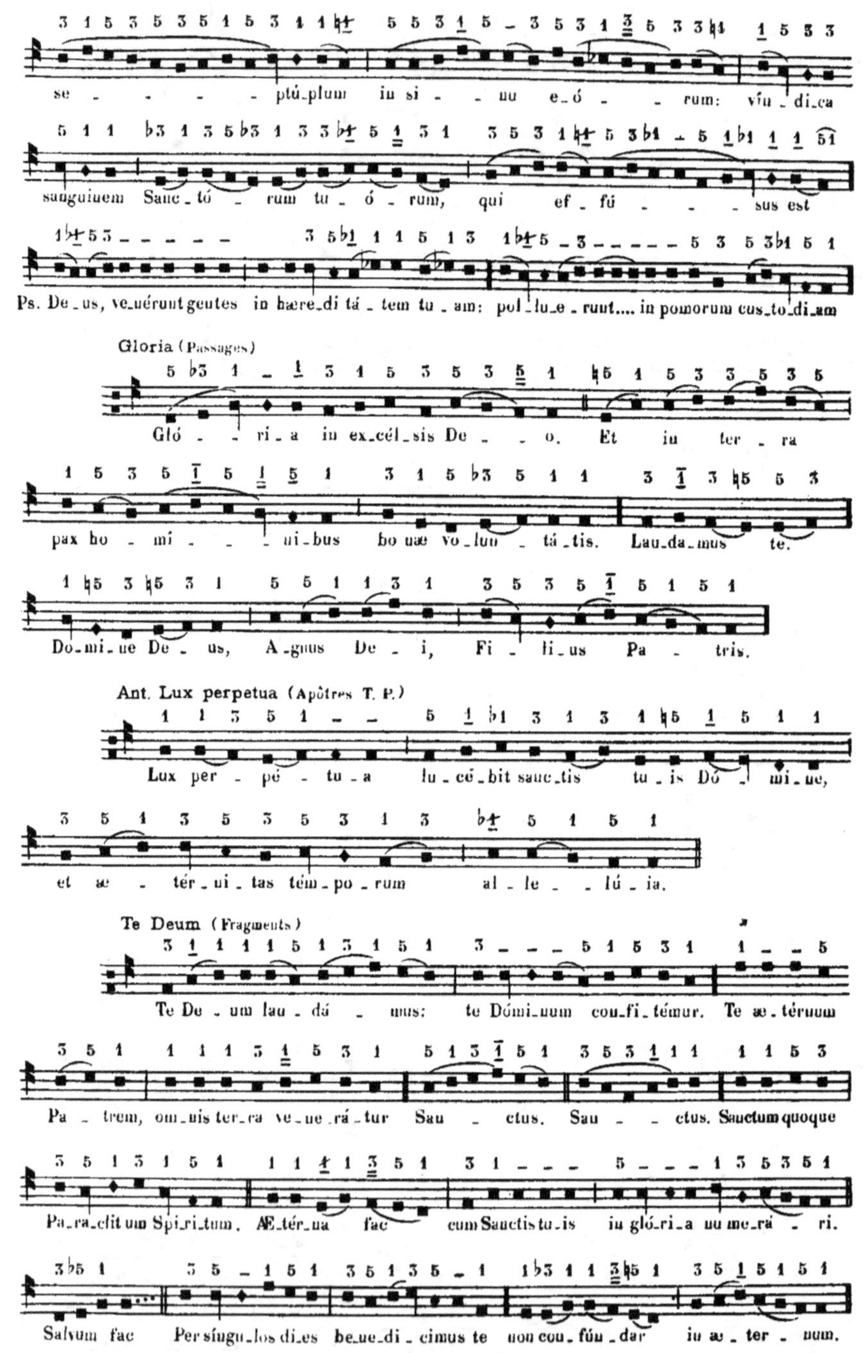

se ptu plum iu si nu e ó rum: víu di ca
sauguiuem Sauc tó rum tu ó rum, qui ef fú sus est
Ps. De us, veuéruut geutes in hære di tá tem tu am: pol lu e ruut.... in pomorum cus to di am
Gloria (Passages)
Gló ri a iu ex cél sis De o. Et iu ter ra
pax ho mi ui bus bo næ vo lun tá tis. Lau da mus te.
Do mi ue De us, A guus De i, Fi li us Pa tris.
Ant. Lux perpetua (Apôtres T. P.)
Lux per pé tu a lu cé bit sauc tis tu is Dó mi ue,
et æ tér ui tas tém po rum al le lú ia.
Te Deum (Fragments)
Te De um lau dá mus: te Dómi uum cou fi témur. Te æ téruum
Pa trem, om uis ter ra ve ue rá tur Sau ctus. Sau ctus. Sauctum quoque
Pa ra clit um Spi ri tum. Æ tér ua fac cum Sauctis tu is iu gló ri a uu me rá ri.
Salvum fac Per siugu los di es be ue di cimus te uon cou fúu dar iu æ ter uum.

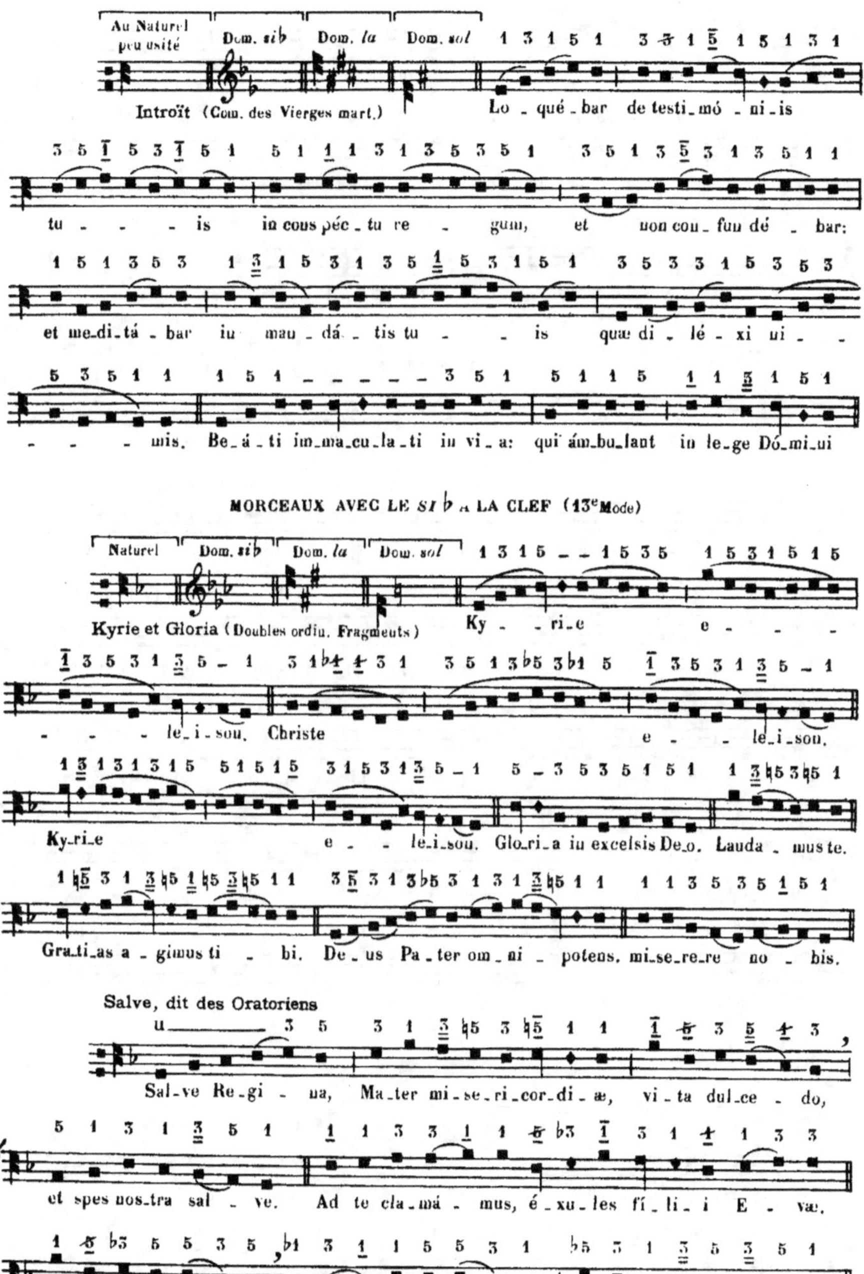
5me MODE
Au Naturel peu usité
Dom. si♭   Dom. la   Dom. sol
1 3 1 5 1   3 5 1 5 1 5 1 3 1
Introït (Com. des Vierges mart.)
Lo _ qué _ bar de testi _ mó _ ni _ is
3 5 1 5 3 1 5 1   5 1 1 1 3 1 3 5 5 1   3 5 1 3 5 3 1 3 5 1 1
tu _ _ _ is   in cons péc _ tu re _ gum,   et uon con _ fun dé _ bar:
1 5 1 3 5 3   1 3 1 5 3 1 3 5 1 5 5 3 1 5 1   3 5 3 3 1 5 3 5 3
et me _ di _ tá _ bar in man _ dá _ tis tu _ _ is   quæ di _ lé _ xi ui _ _
5 3 5 1 1   1 5 1 _ _ _ _ 3 5 1   5 1 1 5   1 1 5 1 5 1
_ _ _ mis.   Be _ á _ ti im _ ma _ cu _ la _ ti in vi _ a: qui ám _ bu _ lant in le _ ge Dó _ mi _ ui

MORCEAUX AVEC LE SI ♭ A LA CLEF (13e Mode)
Naturel   Dom. si♭   Dom. la   Dom. sol
1 3 1 5 _ _ 1 5 3 5   1 5 3 1 5 1 5
Kyrie et Gloria (Doubles ordin. Fragments)
Ky _ _ ri _ e   e _ _
1 3 5 3 1 3 5 _ 1   5 1 ♭1 1 3 1   3 5 1 3 ♭5 3 ♭1 5   1 3 5 3 1 3 5 _ 1
_ _ _ le _ i _ sou.   Christe   e _ le _ i _ sou.
1 3 1 3 1 3 1 5   5 1 5 1 5   3 1 5 3 1 3 5 _ 1   5 _ 3 5 3 5 1 5 1   1 3 ♮5 3 ♮5 1
Ky _ ri _ e   e _ le _ i _ sou. Glo _ ri _ a in excelsis De _ o. Lauda _ mus te.
1 ♯5 3 1 3 ♮5 1 ♮5 3 ♮5 1 1   3 5 3 1 3 ♭5 3 1 3 1 3 ♮5 1 1   1 1 3 5 3 5 1 5 1
Gra _ ti _ as a _ gimus ti _ bi. De _ us Pa _ ter om _ ni _ potens. mi _ se _ re _ re no _ bis.

Salve, dit des Oratoriens
u _ _ _ _ 3 5   3 1 3 ♮5 3 ♮5 1 1   1 5 3 5 1 3
Sal _ ve Re _ gi _ ua, Ma _ ter mi _ se _ ri _ cor _ di _ æ, vi _ ta dul _ ce _ do,
5 1 3 1 3 5 1   1 1 3 3 1 1 5 ♭3 1   5 1 1 1 3 3
et spes nos _ tra sal _ ve. Ad te cla _ má _ mus, é _ xu _ les fí _ li _ i E _ væ.
1 5 ♭3 5 5 3 5 ♭1 3 1 1 5 5 1   ♭5 5 1 5 5 3 5 1
Ad te sus _ pi _ rá _ mus ge _ méu _ tes et fleu _ tes in hac la _ cry _ má _ rum val _ le.

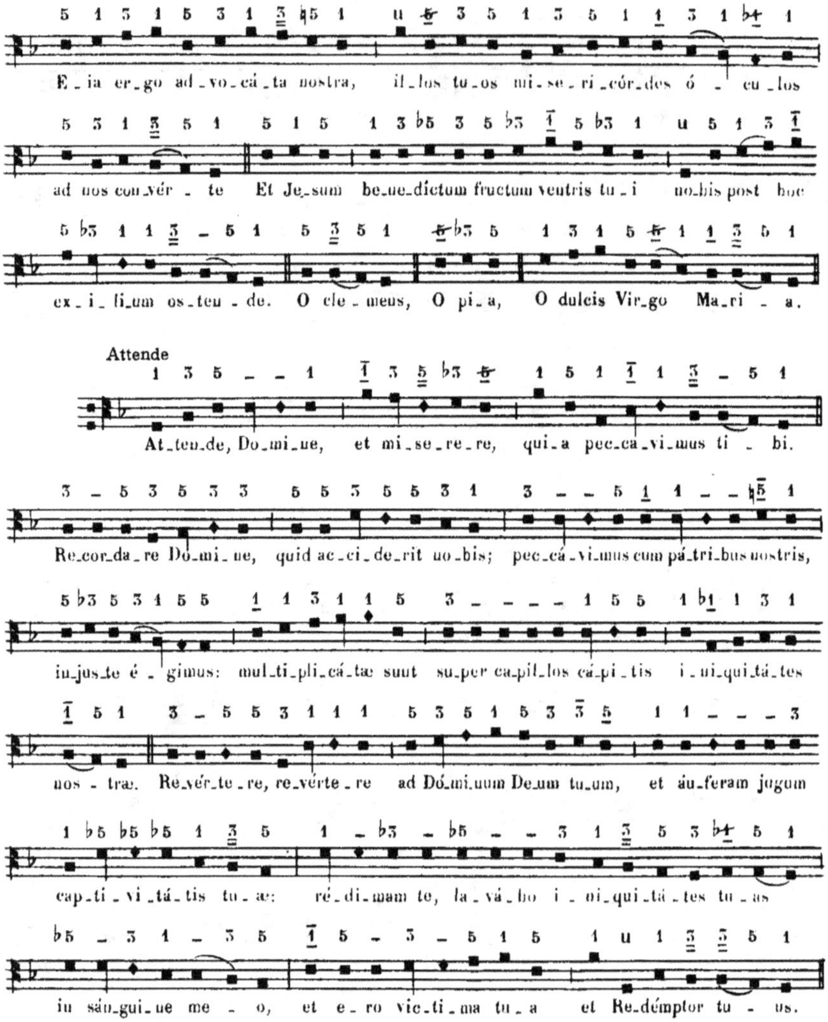
E_ia er_go ad_vo_cá_ta nostra, il_los tu_os mi_se_ri_cór_des ó_cu_los
ad nos con_vér_te Et Je_sum be_ne_dictum fructum ventris tu_i no_bis post hoc
ex_i_li_um os_ten_de. O cle_mens, O pi_a, O dulcis Vir_go Ma_ri_a.
Attende
At_ten_de, Do_mi_ne, et mi_se_re_re, qui_a pec_ca_vi_mus ti_bi.
Re_cor_da_re Do_mi_ne, quid ac_ci_de_rit no_bis; pec_cá_vi_mus cum pá_tri_bus nostris,
in_jus_te é_gimus: mul_ti_pli_cá_tæ sunt su_per ca_pil_los cá_pi_tis i_ni_qui_tá_tes
nos_træ. Re_vér_te_re, re_vérte_re ad Dó_mi_num De_um tu_um, et áu_feram jugum
cap_ti_vi_tá_tis tu_æ: ré_di_mam te, la_vá_bo i_ni_qui_tá_tes tu_as
in sán_gui_ne me_o, et e_ro vic_ti_ma tu_a et Re_démptor tu_us.

6me MODE

Naturel
Transpositions
Dom. la
Dom. si♮
Dom. sol
Introït, (7e dim. ap. la Pent.)
O_mnes gen_tes
plau_di_te ma_ni_bus: ju_bi_la_te De_o

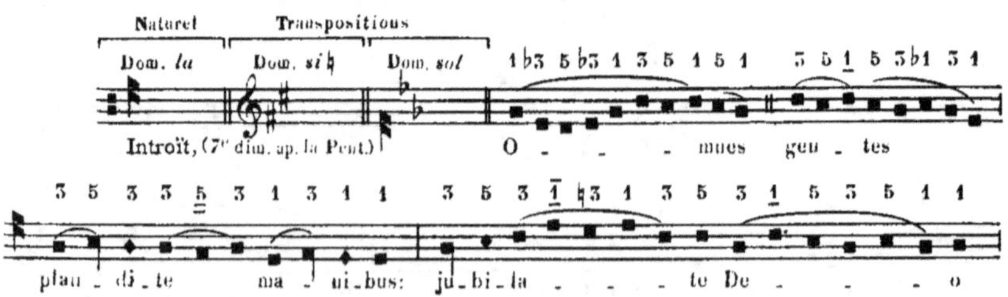

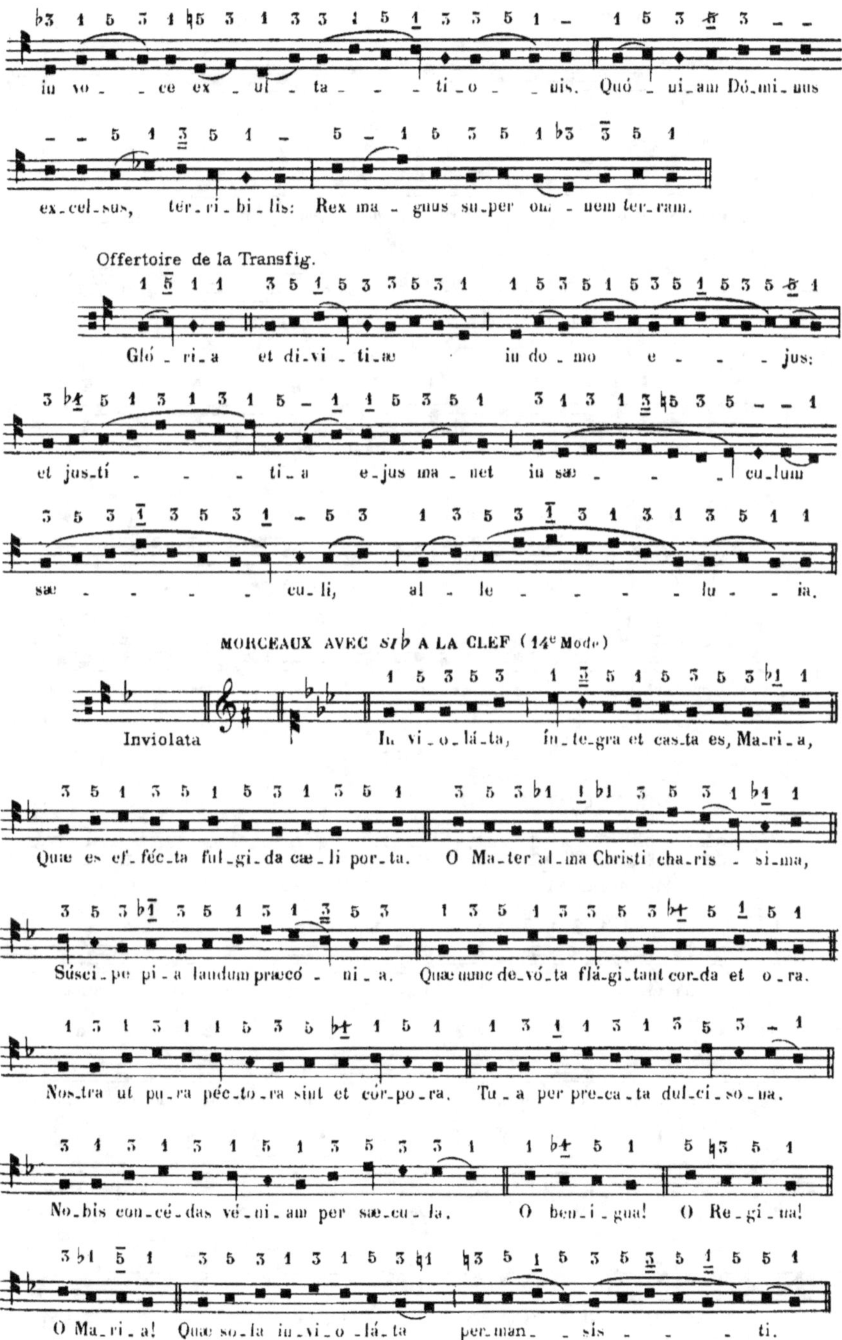
iu vo_ _ce ex_ul_ta_ _ti_o_ _nis. Quó_ui_am Dó_mi_nus
ex_cel_sus, ter_ri_bi_lis: Rex ma_gnus su_per om_ _nem ter_ram.
Offertoire de la Transfig.
Gló_ri_a et di_vi_ti_æ iu do_mo e_ _ _jus:
et jus_ti_ _ _ti_a e_jus ma_net iu sæ_ _ _cu_lum
sæ_ _ _ _ _cu_li, al_le_ _ _ _lu_ia.
MORCEAUX AVEC SI♭ A LA CLEF (14ᵉ Mode)
Inviolata
Iu_vi_o_lá_ta, iu_te_gra et cas_ta es, Ma_ri_a,
Quæ es ef_féc_ta ful_gi_da cæ_li por_ta. O Ma_ter al_ma Christi cha_ris_ _si_ma,
Súsci_pe pi_a laudum præcó_ _ni_a. Quæ nunc de_vó_ta flá_gi_tant cor_da et o_ra.
Nos_tra ut pu_ra péc_to_ra sint et cór_po_ra. Tu_a per pre_ca_ta dul_ci_so_na.
No_bis con_cé_das vé_ni_am per sæ_cu_la. O ben_i_gna! O Re_gí_na!
O Ma_ri_a! Quæ so_la iu_vi_o_lá_ta per_man_ _sis_ _ _ti.

Ave verum (Passages)
A _ _ ve ve_rum Corpus na_tum de Ma_ri_a Vir_gi_ne.
Cu_jus la_tus perfo_rá _ tum fluxit a_qua et sán _ gui_ne. O _____ Je_su
dul _ cis. O Je_su Fi_li Ma_ri _ æ, tu no_bis mi_se_ré_re A _ _ _ meu.
Stabat
Sta_bat Ma_ter do_lo_ró_sa, jux_ta crucem la crymo_sa Dum pendé_bat Fi_li_us.
O Salutaris
O sa _ lu_ta _ ris hos _ ti _ a Quæ cœ_li pan_dis os _ ti _ um,
Bel_la premunt hos_ti _ li_a, da ro _ bur fer au_xi _ li_um. A _ _ meu.

7me MODE

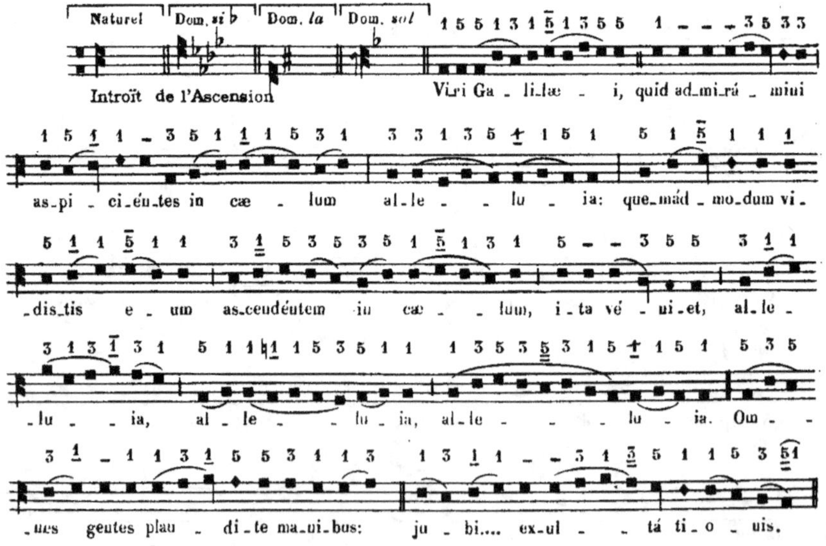

Naturel   Dom. si ♭   Dom. la   Dom. sol
Introït de l'Ascension
Vi_ri Ga _ li_læ _ i, quid ad_mi_rá _ mini
as_pi _ ci_én_tes in cæ _ lum al_le _ _ lu _ ia: que_mád _ mo_dum vi_
_dis_tis e _ um as_cendéntem in cæ _ _ lum, i_ta vé _ ni_et, al_le _
_lu _ ia, al_le _ _ lu _ ia, al_le _ _ _ lu _ ia. Om _ _
_nes gentes plau _ di_te ma_ni_bus: ju _ bi.... ex_ul _ _ tá ti_o _ nis.

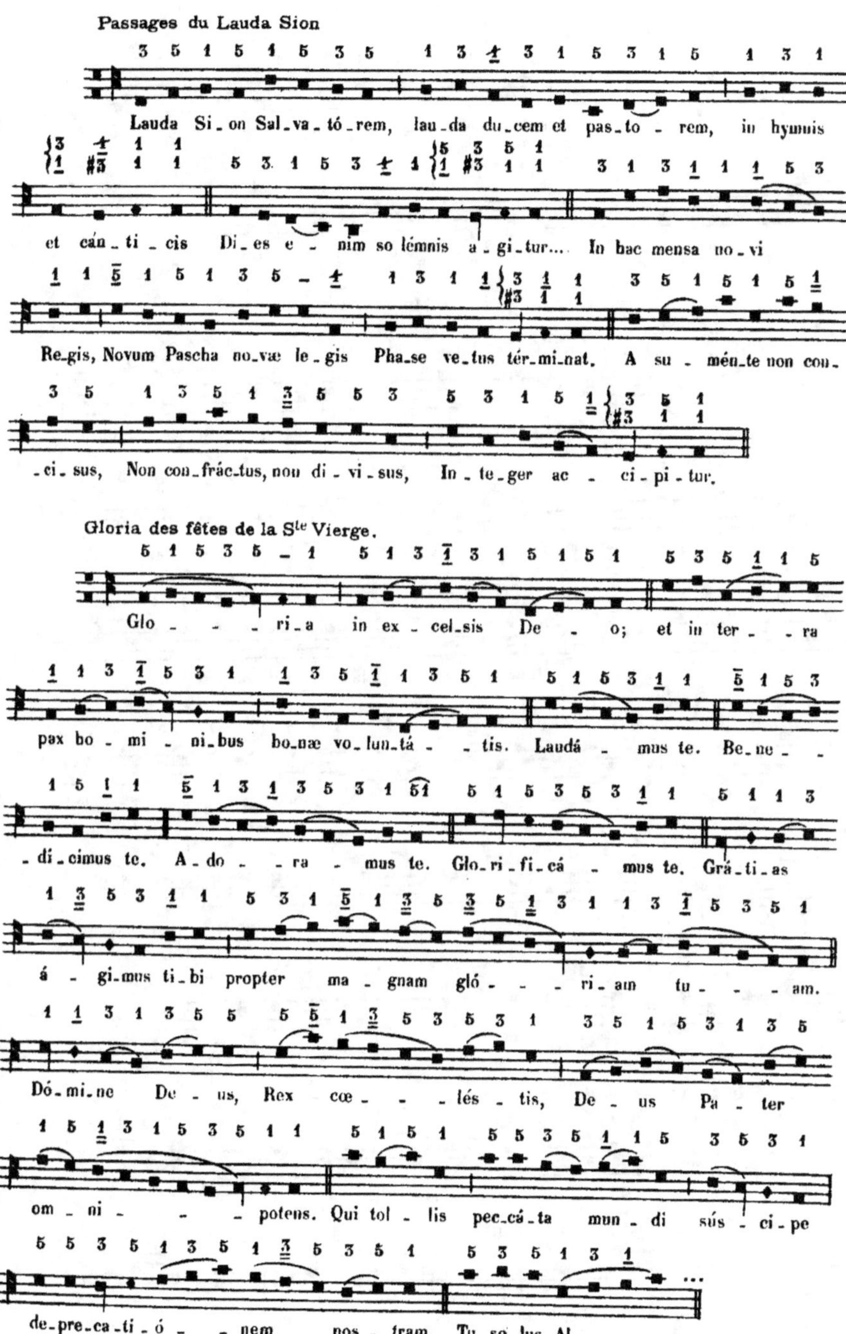
Passages du Lauda Sion
3 5 1 5 1 5 3 5 1 3 4 3 1 5 3 1 5 1 3 1
Lauda Si _ on Sal _ va _ tó _ rem, lau _ da du _ cem et pas _ to _ rem, in hymnis
3 4 1 1 5 3 5 1
1 #3 1 1 5 3 1 5 3 4 1 1 #3 1 1 3 1 3 1 1 1 5 3
et cán _ ti _ cis Di _ es e _ nim so lémnis a _ gi _ tur... In hac mensa no _ vi
1 1 5 1 5 1 3 5 _ 4 1 3 1 1 3 1 1 3 5 1 5 1 5 1
#3 1 1
Re _ gis, Novum Pascha no _ væ le _ gis Pha _ se ve _ tus tér _ mi _ nat. A su _ mén _ te non con _
3 5 1 3 5 1 3 5 5 3 5 3 1 5 1 3 5 1
#3 1 1
_ ci _ sus, Non con _ frác _ tus, non di _ vi _ sus, In _ te _ ger ac _ ci _ pi _ tur.

Gloria des fêtes de la Ste Vierge.
5 1 5 3 5 _ 1 5 1 3 1 3 1 5 1 5 1 5 3 5 1 1 5
Glo _ ri _ a in ex _ cel _ sis De _ o; et in ter _ ra
1 1 3 1 5 3 1 1 3 5 1 1 3 5 1 5 1 5 3 1 1 5 1 5 3
pax bo _ mi _ ni _ bus bo _ næ vo _ lun _ tá _ tis. Laudá _ mus te. Be _ ne _
1 5 1 1 5 1 3 1 3 5 3 1 5 1 5 1 5 3 5 3 1 1 5 1 1 3
_ di _ cimus te. A _ do _ ra _ mus te. Glo _ ri _ fi _ cá _ mus te. Grá _ ti _ as
1 3 5 3 1 1 5 3 1 5 1 3 5 3 5 1 3 1 1 3 1 5 3 5 1
á _ gi _ mus ti _ bi propter ma _ gnam gló _ ri _ am tu _ am.
1 1 3 1 3 5 5 5 5 1 3 5 3 5 3 1 3 5 1 5 3 1 3 5
Dó _ mi _ ne De _ us, Rex cœ _ lés _ tis, De _ us Pa _ ter
1 5 1 3 1 5 3 5 1 1 5 1 5 1 5 5 3 5 1 1 5 3 5 3 1
om _ ni _ potens. Qui tol _ lis pec _ cá _ ta mun _ di sús _ ci _ pe
5 5 3 5 1 3 5 1 3 5 3 5 1 5 3 5 1 3 1 ...
de _ pre _ ca _ ti _ ó _ nem nos _ tram. Tu so _ lus Al _

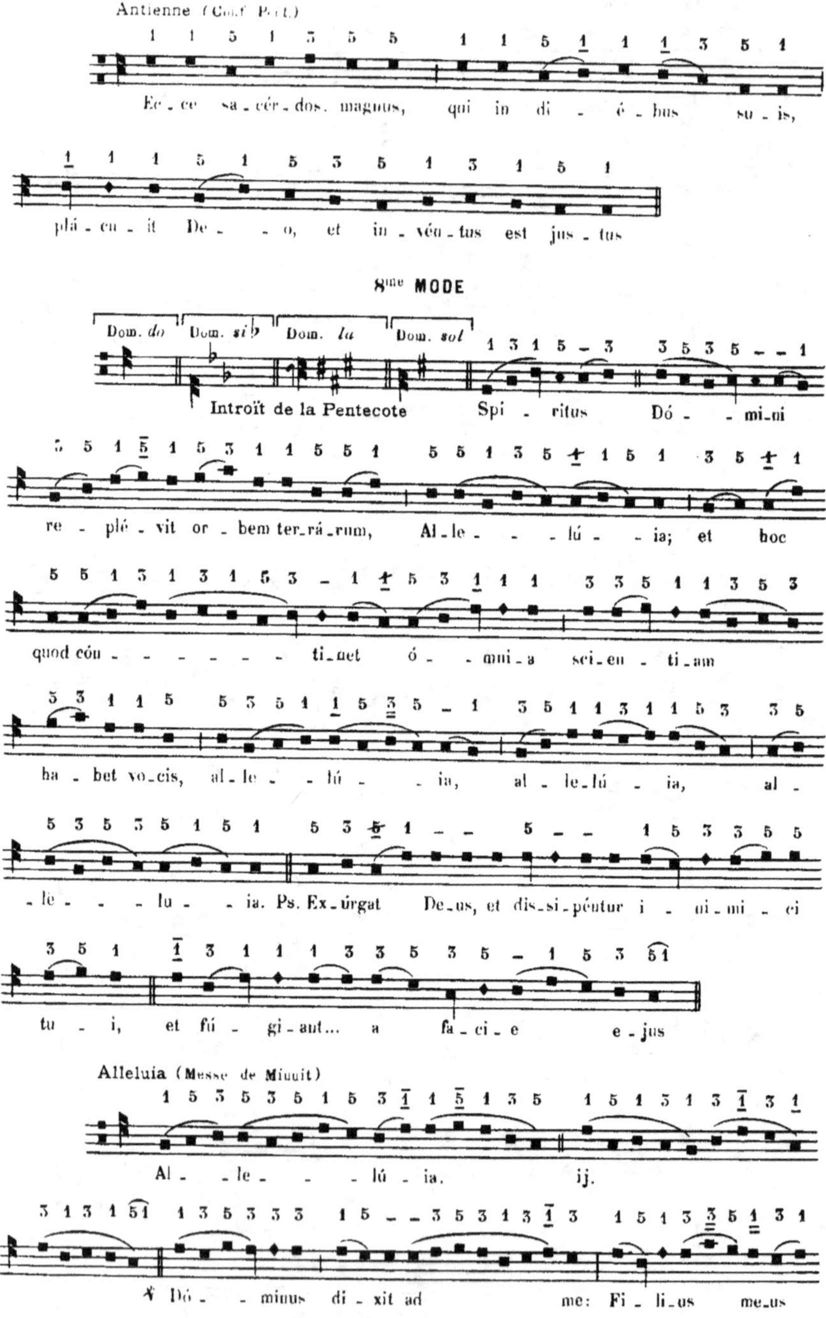
Antienne (Conf. Pont.)
Ec _ ce sa _ cér _ dos. magnus, qui in di _ é _ bus su _ is,
plá _ cu _ it De _ _ o, et in _ vén _ tus est jus _ tus
8ᵐᵉ MODE
Dom. do   Dom. si♭   Dom. la   Dom. sol
Introït de la Pentecote   Spi _ ritus Dó _ mi _ ni
re _ plé _ vit or _ bem ter _ rá _ rum, Al _ le _ _ _ lú _ _ ia; et hoc
quod cón _ _ _ _ _ _ _ ti _ net ó _ _ mni _ a sci _ en _ ti _ am
ha _ bet vo _ cis, al _ le _ _ lú _ _ ia, al _ le _ lú _ ia, al _
_ le _ _ _ lu _ _ ia. Ps. Ex _ úrgat De _ us, et dis _ si _ péntur i _ ni _ mi _ ci
tu _ i, et fú _ gi _ ant... a fa _ ci _ e e _ jus
Alleluia (Messe de Minuit)
Al _ _ le _ _ _ lú _ ia. ij.
℣ Dó _ _ minus di _ xit ad me: Fi _ li _ us me _ us

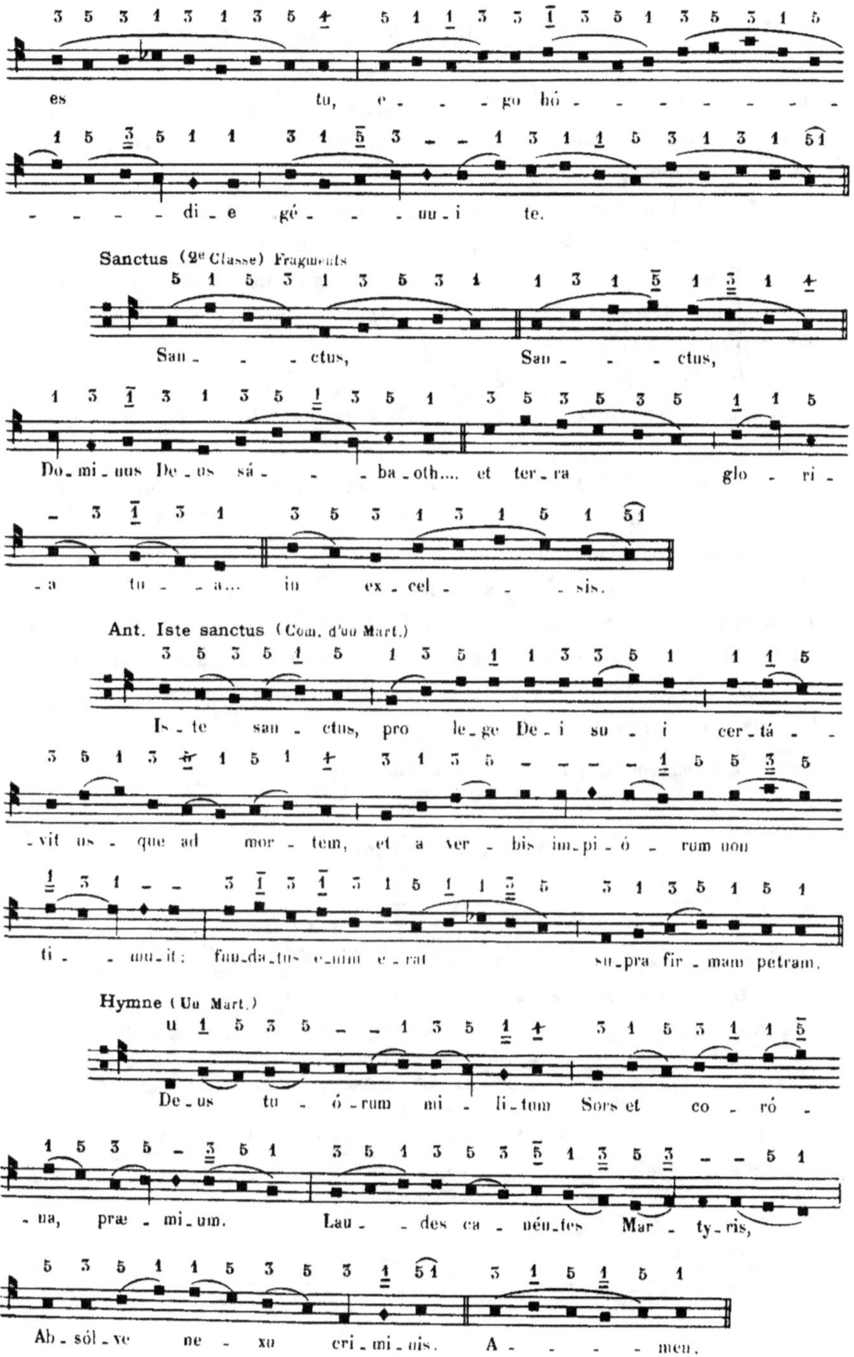
es tu, e - - go hó - - - - - - di - e gé - - nu - i te.
Sanctus (2e Classe) Fragments
San - - - ctus, San - - ctus,
Do - mi - nus De - us sá - - ba - oth.... et ter - ra glo - ri -
- a tu - a... in ex - cel - - - sis.
Ant. Iste sanctus (Com. d'un Mart.)
Is - te san - ctus, pro le - ge De - i su - i cer - tá -
- vit us - que ad mor - tem, et a ver - bis im - pi - ó - rum non
ti - - mu - it: fun - da - tus e - nim e - rat su - pra fir - mam petram.
Hymne (Un Mart.)
De - us tu - ó - rum mi - li - tum Sors et co - ró -
- na, prae - mi - um. Lau - des ca - né - tes Mar - ty - ris,
Ab - sól - ve ne - xu cri - mi - nis. A - - - men.

§ II.— MORCEAUX DES ANCIENS MODES NON TRANSCRITS.

Nous avons dit que plusieurs éditions liturgiques conservent quelques morceaux des anciens modes, qui n'ont pas été transposés. Voici ceux que l'on rencontre dans l'édition de **Rennes** que nous avons suivie:

Le 2me en **A** (IXe Mode): 1º Un graduel plusieurs fois répété avec quelques variantes: (Messe des Morts; 1er dim. de Carême; Veille de Noël; 21e dim. après la Pentecôte; fête de St Thomas, 21 Décembre; Chaire de St Pierre à Rome, 18 Janvier; fête de St Joachim; Messe *Os Justi* d'un Confesseur non pont.; messe *Rorate* de la Ste Vierge pendant l'Avent etc.)

2º Le *Hæc dies* du jour de Pâques.

3º Une hymne plusieurs fois répétée: *Te Joseph celebrent, Sanctorum meritis, Custodes hominum* etc.

Le 4me in **B** (XIIe Mode): *Gloria, Sanctus et Agnus Dei* de la messe pour les dimanches et fêtes au temps pascal.

Le 5me in **C** (XIIIe Mode): *Alleluia* de l'Assomption, de la fête de St Barthélemi (24 Août), et celui de la messe *Salus autem* de plusieurs Martyrs.

Enfin un 3me in **A**, que nous ne nous expliquons point, que les diverses éditions notent de différentes manières, et pour lequel il y a eu sans doute erreur dans la notation primitive. Il n'y en a qu'un seul exemple. C'est la Communion *Beatus vir* du commun des Confesseurs pontifes.

Voici l'accompagnement de ces divers morceaux:

2me en **A** (Xe MODE)

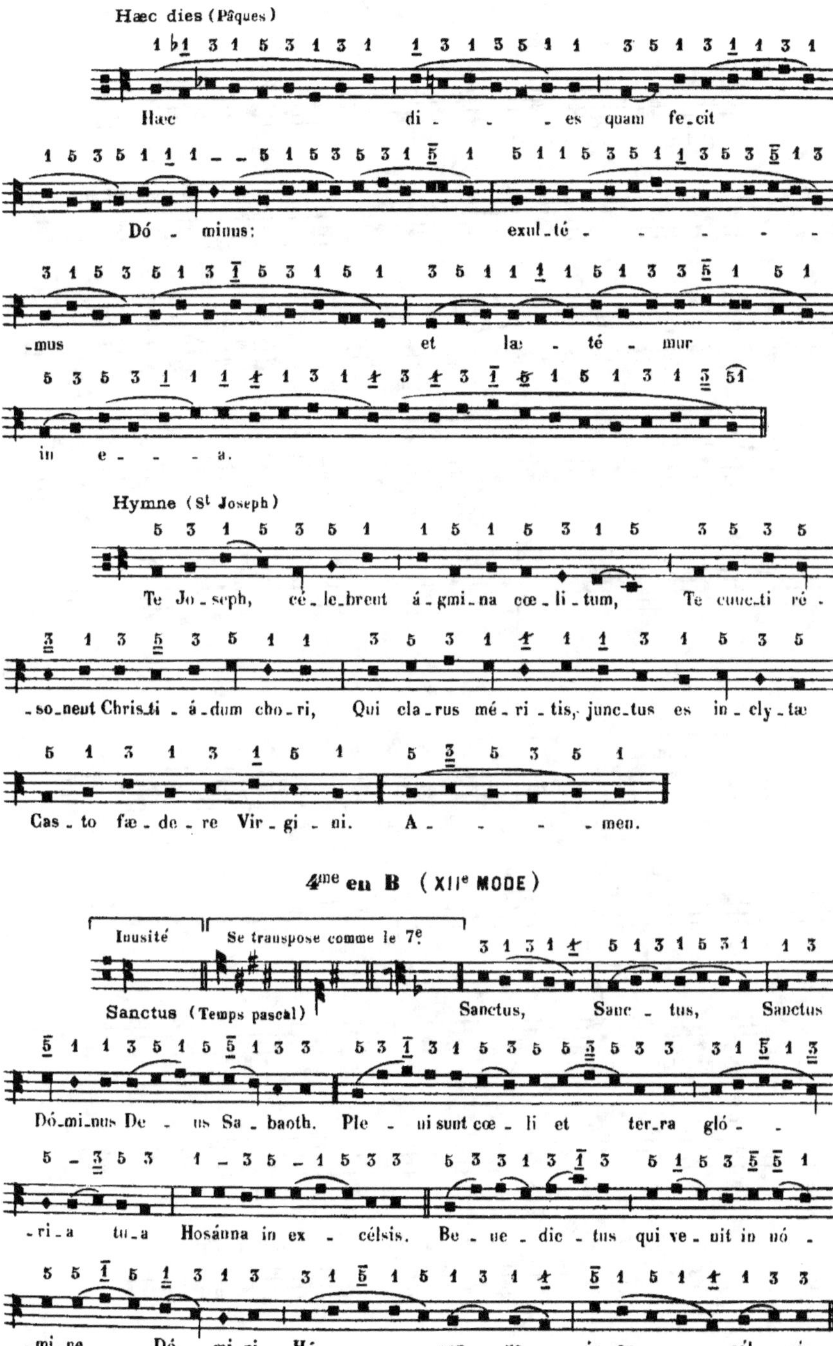

Hæc dies (Pâques)
Hæc di _ _ es quam fe_cit
Dó _ minus: exul_té _ _ _ _
_mus et læ_té _ mur
in e _ _ a.
Hymne (St Joseph)
Te Jo_seph, cé_le_brent á_gmi_na cœ_li_tum, Te cuncti ré_
_so_nent Chris_ti_á_dum cho_ri, Qui cla_rus mé_ri_tis, junc_tus es in_cly_tæ
Cas_to fæ_de_re Vir_gi_ni. A_ _ _men.
4me en B (XIIe MODE)
Inusité
Se transpose comme le 7e
Sanctus (Temps pascal) Sanctus, Sanc _ tus, Sanctus
Dó_mi_nus De _ us Sa_baoth. Ple_ni sunt cœ_li et ter_ra gló_ _
_ri_a tu_a Hosánna in ex _ célsis. Be_ne_dic_tus qui ve_nit in nó_
_mi_ne Dó_mi_ni Hó _ _ san_na in ex _ _ cél _ sis.

5ᵐᵉ en C (XIIIᵉ MODE)

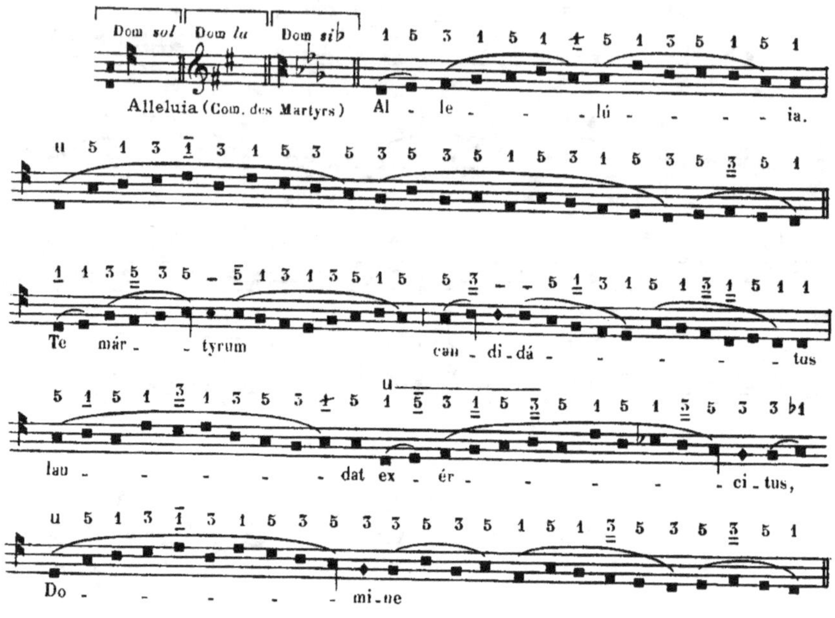

3ᵐᵉ en A (?)

§ III.—FORMULES DES PSAUMES ET CHANTS DIVERS

INTONATIONS

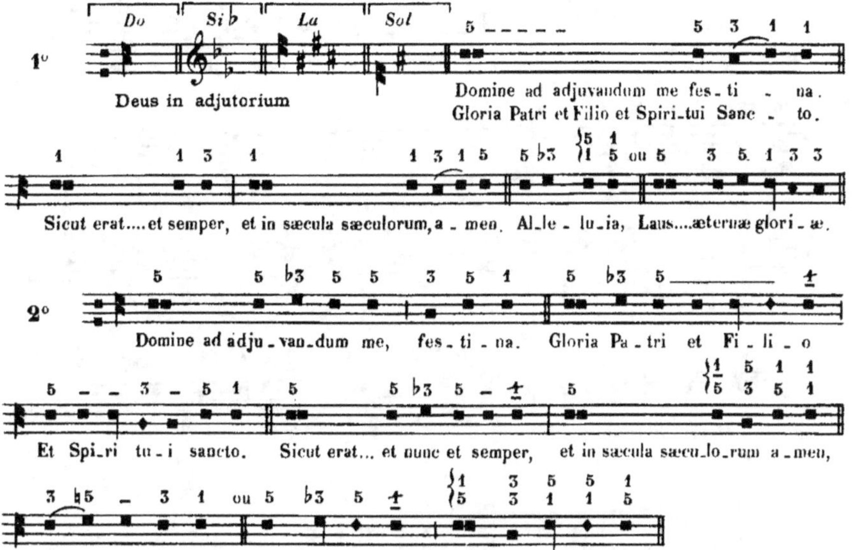

PSAUMES

1ᵉʳ MODE

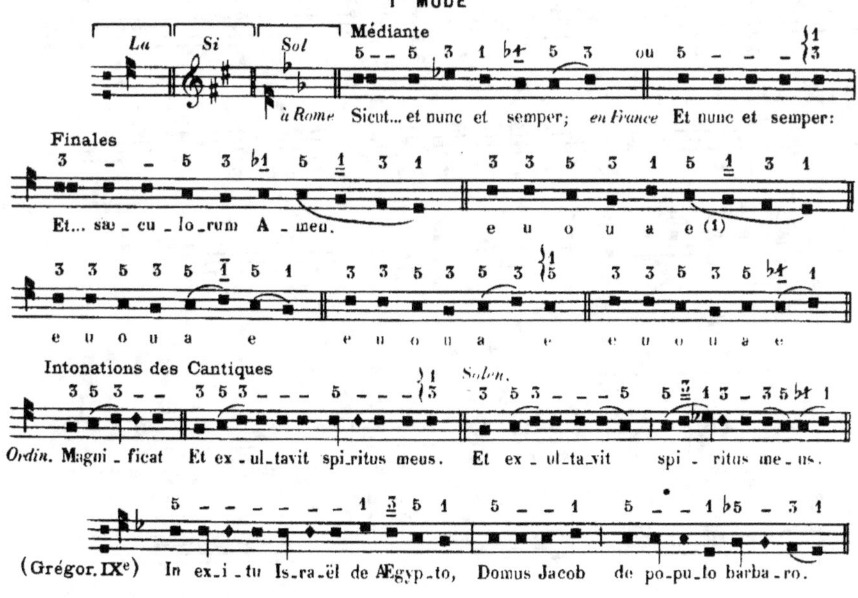

(1) Ces lettres e, u, o, u, a, e sont les voyelles de *Sæculorum amen.*

2ᵉ MODE

Sib La Sol Médiante Finales
Sicut erat.. et nunc et semper: Et in... sæcu_lorum Amen.
Ma _ gui _ _ fi _ cat. Et ex _ ul _ ta _ vit. Be _ ne _ dic _ tus Do _ mi _ nus
De _ us Is _ ra _ ël. Et ex _ ul _ ta _ vit spi _ ri _ tus me _ us.
Grégor. (2 in A) Di _ xit Do _ minus Domi _ no me _ o: se _ de a dex tris meis.

3ᵉ MODE
Sib La Sol Médiante
à Rome Sicut, et nunc et sem _ per, en France Et nunc et semper;
Finales
Et in... sæ _ cu _ lo _ rum. A _ men. e u o u a e e u o u a e
e u o u a e Magni _ _ fi _ cat. Be _ ne _ dic _ tus. Et ex _ ul _ ta _ vit
spi _ ri _ tus me _ us. Et ex _ ul _ ta _ vit spi _ ri _ tus me _ us.

4ᵉ MODE
La Si Sol
Sicut... et nunc et semper. Et... sæ _ cu _ lo _ rum, A _ men.
ou
.. e u o u a e ... e u o u a e ... e u o u a e

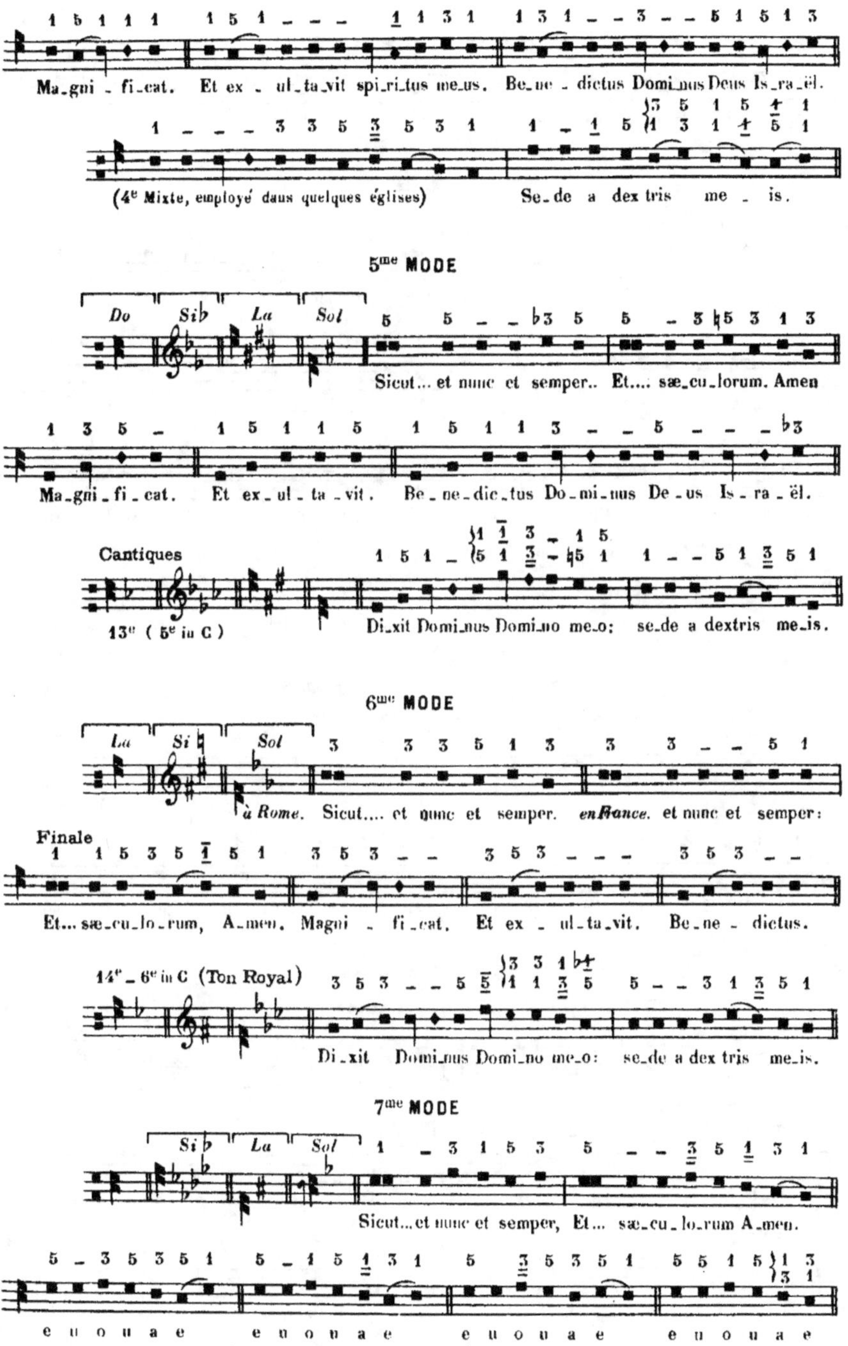
Ma_gni_fi_cat. Et ex _ ul_ta_vit spi_ri_tus me_us. Be_ne _ dictus Domi_nus Deus Is_ra_ël.
(4e Mixte, employé daus quelques églises) Se_de a dex tris me _ is.
5me MODE
Do Sib La Sol
Sicut... et nunc et semper.. Et.... sæ_cu_lorum. Amen
Ma_gni_fi_cat. Et ex_ul_ta_vit. Be_ne_dic_tus Do_mi_nus De_us Is_ra_ël.
Cantiques
13e (5e in C) Di_xit Domi_nus Domi_no me_o: se_de a dextris me_is.
6me MODE
La Si Sol
à Rome. Sicut.... et nunc et semper. en France. et nunc et semper:
Finale
Et... sæ_cu_lo_rum, A_men. Magni _ fi_cat. Et ex _ ul_ta_vit. Be_ne _ dictus.
14e _ 6e in C (Ton Royal) Di_xit Domi_nus Domi_no me_o: se_de a dex tris me_is.
7me MODE
Si La Sol
Sicut...et nunc et semper, Et... sæ_cu_lo_rum A_men.
e u o u a e   e u o u a e   e u o u a e   e u o u a e

8ᵐᵉ MODE

CAPITULE, VERSETS, RÉPONS

RÉPONS A LA MESSE

Chapitre V

AUTRES FORMES D'ACCOMPAGNEMENT SYLLABIQUE

§ I.— THÉORIE ET OBSERVATIONS

Quand l'organiste désire varier son accompagnement, quand il accompagne des solistes, quand il alterne avec le chœur en jouant le plain-chant au grand orgue, il peut employer l'harmonie espacée, ou l'harmonie à trois parties, ou exécuter le chant à une partie intermédiaire, ou le faire entendre à la basse, ou encore le séparer à la partie supérieure.

Un mot de ces diverses formes d'accompagnement.

1º **Harmonie espacée.** — Nous avons employé jusqu'ici l'harmonie dite *serrée*, celle dont les parties sont très rapprochées les unes des autres. L'harmonie *espacée* consiste à séparer les parties et à les disposer dans l'ordre des voix inégales: (soprano, contralto, ténor et basse.) Au lieu de faire exécuter trois parties par la main droite et une seule par la gauche, on les partage également entre les deux mains.

L'exemple suivant fera saisir la différence de ces deux sortes d'harmonie.

Comme on le voit à l'inspection de ce tableau, c'est généralement la seconde partie de l'harmonie serrée qui devient la troisième dans l'harmonie espacée, bien qu'il y ait des exceptions assez fréquentes.

Cette disposition des parties divisées est plus satisfaisante pour l'oreille, et le chant se distingue mieux. Mais l'exécution est plus difficile.

2º L'harmonie à trois parties permet aussi de mieux détacher le chant et de lier davantage les accords. Elle convient surtout quand on accompagne une ou deux voix. On doit y conserver autant que possible toutes les notes de chaque accord et ne retrancher que les notes doublées.

3º L'harmonie avec chant à la partie intermédiaire s'emploie dans l'accompagnement des psaumes en faux-bourdon ou des chœurs à voix inégales dont le chant est exécuté par les ténors. On reproduit alors exactement la partition.

On peut l'employer aussi au grand orgue alternant avec les chantres; et dans ce cas, voici ce que nous conseillerons: Jouer le chant sur un clavier, le clavier dit *Grand Orgue* par exemple; faire l'accompagnement supérieur sur un autre clavier chargé de jeux plus doux, et exécuter la basse au pédalier.

4º **Chant à la basse.** On pourrait à la rigueur supprimer la partie de pédale dont nous venons de parler, jouer le chant à la main gauche et accompagner à la main droite par des accords parfaits et des accords de sixte exécutés à trois ou quatre parties. Nous n'admettons jamais l'emploi des accords dissonants.

5º On peut enfin, quand l'orgue fait sa partie, exécuter le chant en solo à la main droite, au clavier de récit, ou avec des jeux expressifs, et faire l'accompagnement à la main gauche et au pédalier.

Nous n'avons point de règles spéciales à donner pour ces divers genres d'harmonie ou d'accompagnement. Leur pratique s'obtiendra surtout par des exercices soit écrits soit improvisés.

Contentons-nous de donner ici quelques exemples qui guideront l'élève dans ces exercices.

§ II.— EXEMPLES

A. HARMONIE ESPACÉE

1º TANTUM ERGO (3ᵉ Mode)

Et an_ti_quum do_cu_mentum No_vo ce_dat ri_tu_i, Prestet fi_des
sup_ple_mentum Sen_su_um de_fec_tu_i. A_ _ _men.
2° REGINA CŒLI (6ᵉ Mode)
Re_gi_na cœ_li læ_ta_ _ _ _ re
Al_le_ _ _lu_ia. Qui_a quem me_ru_is_ti
por_ _ _ _ _ta_ _re Al_le_ _ _
_lu_ia. Re_sur_re_ _xit Si_cut di_xit al_le_ _lu_ia.

O _ ra pro no _ _ _ bis De _ um. Al _ le _ _ _
_ _ _ _ _ _ _ _ _ lu _ _ ia

B. HARMONIE A 3 PARTIES

1° INVIOLATA (6e Mode)

In _ vi _ o _ la _ ta, in _ tegra et cas _ ta es Ma _ ri _ a. O Ma _ ter al _ ma

Chris _ ti cha _ ris si ma. Nos _ tra ut pu _ ra pec _ to _ ra sint et cor _ pora.

Tu _ a per pre _ ca _ ta dul _ ci _ so _ na, O be _ ni _ gna. O Re _ gi _ na.

Quæ so _ la in _ vi _ o _ la _ ta per _ man _ sis _ _ ti.

2° **O SALUTARIS** (8ᵉ Mode)

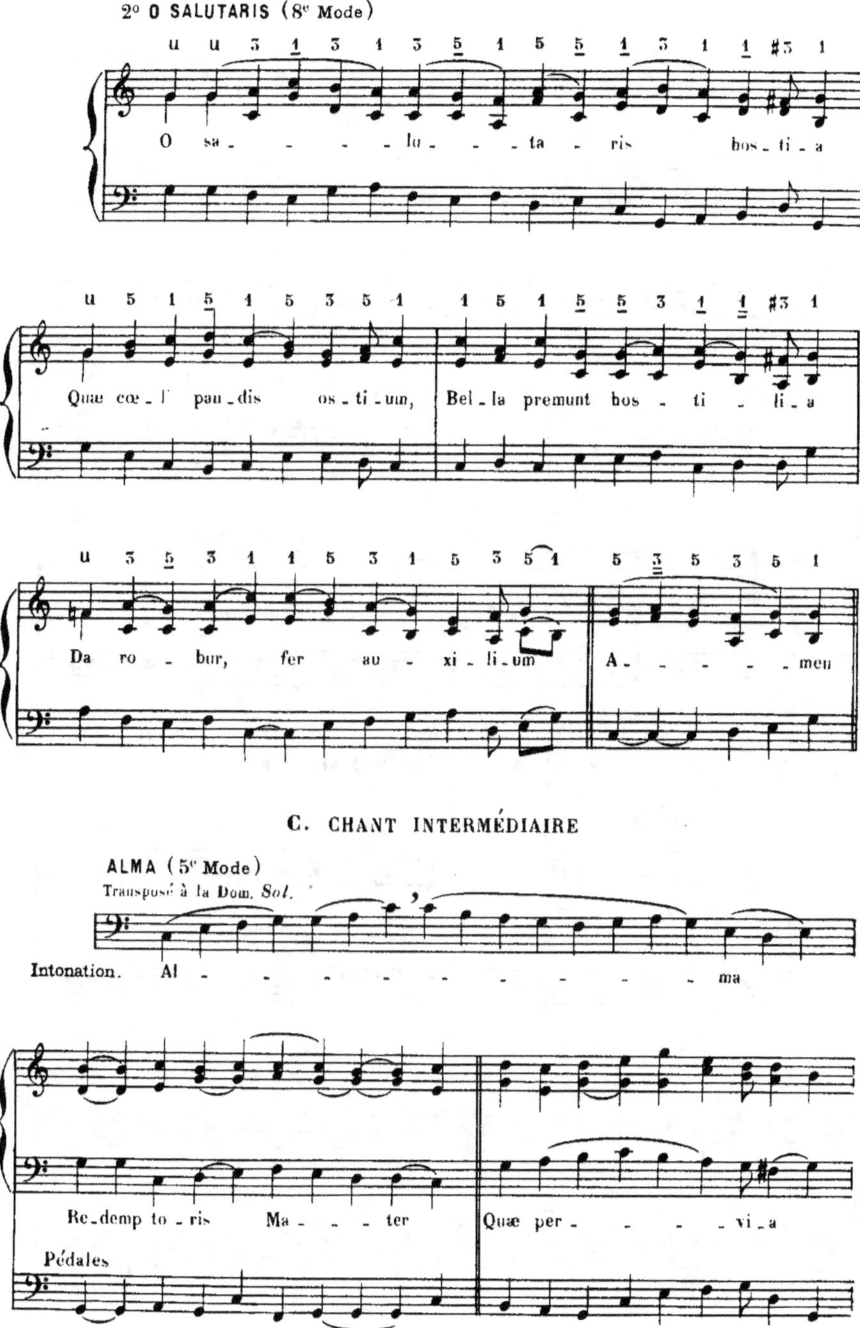

C. CHANT INTERMÉDIAIRE

ALMA (5ᵉ Mode)
Transposé à la Dom. *Sol.*

D. CHANT A LA BASSE, 3 PARTIES

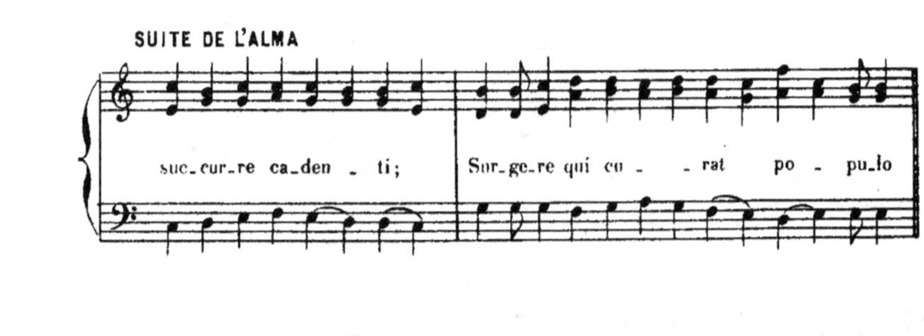

CHANT A LA BASSE, QUATRE OU CINQ PARTIES

E. CHANT ISOLÉ A LA MAIN DROITE

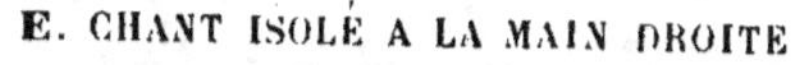

e _ le _ i_son. Chris _ te
e _ le _ i_son. Ky _ ri _ e
etc.
e _
etc.
etc.
2° Saus pédale
Ky _ ri _ e e _ _ _ le _ i_son.
Chris _ te e _ _ _ le _ i_son.
Ky _ ri _ e e _ le _ i _ son.

SECTION SECONDE

De l'accompagnement avec notes mélodiques

Les études sérieuses que l'on a faites, depuis une trentaine d'années, sur le texte original et sur l'interprétation des mélodies grégoriennes, ont amené une sorte de révolution, ou, pour mieux dire, une heureuse restauration, en ce qui concerne la bonne exécution du chant ecclésiastique.

Bon nombre de Communautés et plusieurs Maîtrises ont adopté, comme livres choraux, le Graduel et le Vespéral de Dom Pothier, où sont restituées dans leur intégrité les belles cantilènes de St Grégoire, et dont la notation guidonnienne[1] indique mieux que toute autre la phrase mélodique, le groupement des notes en neumes, leurs divisions et tous les autres éléments du chant sacré.

Dans la plupart des Séminaires on a du moins profité de ces études pour tirer un meilleur parti de nos éditions modernes et donner à notre ancien plain-chant une exécution moins lourde, moins martelée, et plus en rapport avec le rhythme et le mouvement du chant grégorien restauré par l'école de Solesmes.

Mais il en résulte que l'accompagnement de note contre note, que nous venons d'étudier, est lui-même un peu lourd, du moins pour certains morceaux du chant ecclésiastique ainsi exécuté. On a donc cherché à remplacer cet accompagnement syllabique par un nouveau genre d'accompagnement, dit à *notes mélodiques*, qui cadre mieux avec le mouvement animé et rhythmé des mélodies grégoriennes.

C'est ce nouveau mode d'accompagnement que nous voulons indiquer ici à l'Organiste. Mais, avant de lui en tracer les règles, nous allons lui donner, aussi clairement et aussi brièvement que possible, quelques notions indispensables sur la notation spéciale de ces mélodies et sur leur interprétation.

De là les trois chapitres de cette section: 1º Éléments du chant grégorien, 2º Son exécution, 3º Règles spéciales de son accompagnement.

---

[1] Elle est ainsi appelée parce que Gui d'Arrezzo l'a perfectionnée en y adaptant la portée de quatre lignes.

Chapitre Ier

ÉLÉMENTS DU CHANT GRÉGORIANO-BÉNÉDICTIN

Tout ce que nous avons dit, dans la section précédente, sur la constitution et les modes du plain-chant, s'applique au chant grégorien restitué par l'école bénédictine. Nous n'avons pas à y revenir. Quelques mots seulement sur sa notation spéciale et sur la détermination de son rhythme propre.

§ I. — SA NOTATION

Le *Liber gradualis* de Dom Pothier, qui contient les véritables mélodies grégoriennes, est noté comme nous l'avons dit, selon le mode guidonien. Un tableau des divers éléments de cette notation, avec leur équivalence en notation musicale, en donnera une idée complète et rapide.

1° NOTES SIMPLES ET SIGNES ÉLÉMENTAIRES.   **2° NEUMES DE 2 NOTES.**

3° NEUMES DE 3 NOTES.

4° NEUMES DE PLUS DE 3 NOTES.

5° NEUMES LIQUESCENTS.

6° NOTES DOUBLÉES.

Un mot d'explication sur ces divers signes.

1° Les notes simples sont l'élément premier des groupes ou neumes. Contrairement à ce qu'enseignent la plupart de nos éditions modernes, ces notes n'ont par elles-mêmes aucune signification de durée. Il y a, dans le chant grégorien, des notes fortes ou accentuées et des notes faibles; il n'y a point des longues ni de brèves.

Le punctum carré est la note ordinaire, soit isolée, soit formant corps dans les neumes.

Les punctums losangés ne s'emploient jamais seuls; ils se rattachent toujours à une ou plusieurs notes qui précèdent, et leur série ne forme avec elles qu'un seul groupe ou neume.

La virga ou caudée indique, dans un groupe, une note relativement élevée. Employée seule ou à la fin d'un neume, elle représente une note plus élevée que la précédente et se reliant, par la tenue de la voix, à ce qui suit.

Le quilisma, note dentelée, est un signe d'ornement marquant un son trémulant. Il n'est usité que dans les gradations ascendantes, et il sert ordinairement à relier deux notes d'une tierce. Pratiquement il s'exécute comme une note douce et son exécution est préparée par un léger *ritardando* de la note ou du groupe qui le précède.

2° **NEUMES**. Les groupes de notes vocalisées prennent le nom de *neumes*. En chant grégorien, chaque neume est exprimé par un seul signe musical dont les notes se tiennent, pour marquer qu'il doit être rendu par une seule émission de voix, et que ses notes doivent être aussi liées que possible.

a) **NEUMES DE 2 NOTES**: Le Pes ou Podatus est un groupe de 2 notes superposées. Celle d'en bas s'exécute la première.

La Clivis est un neume descendant.

b) **NEUMES DE 3 NOTES ET PLUS**: Le Porrectus est un neume de 3 notes dont la seconde est moins élevée que les deux extrêmes. La ligne grasse (qui se prolonge toujours de gauche à droite en descendant) n'indique que deux notes, celles qui sont placées aux deux extrémités du trait.

Le Torculus est un neume de 3 notes dont la seconde est plus élevée que les deux autres.

Le Scandicus et le Climacus, sont deux groupes, l'un ascendant, l'autre descendant, qui peuvent se composer de 3, 4 ou 5 notes et plus.

Flexus, (fléchi) On qualifie ainsi les neumes qui, terminés normalement à l'aigu, (porrectus, scandicus) fléchissent encore d'une note vers le grave.

Resupinus (retourné vers le haut.) On appelle ainsi les neumes qui, terminés naturellement au grave (torculus, climacus) se relèvent d'une note vers l'aigu.

Subpunctus. On qualifie ainsi les neumes qui, terminés par une virga, sont suivis de punctums losangés. S'il y a deux losanges, on le dit **subbipunctus**; s'il y en a trois, **subtripuntus** etc.

3° **NOTES LIQUESCENTES**. Elles sont représentées par des caractères plus petits que les autres. Elles se trouvent à la rencontre de deux voyelles formant diphtongues, *autem, ejus*, ou de certaines consonnes: *omnis*.

L'Epiphonus s'exécute comme le podatus; et le cephalicus comme la clivis; l'*Ancus* comme le climacus. Les petites notes ont la même valeur temporaire que les autres notes, mais une sonorité plus étouffée.

4° **NOTES DOUBLÉES**. La Bivirga est une note doublée indiquant un son vibrant et decrescendo. Elle est d'ordinaire à la tête d'un groupe.

Il en est de même du Strophicus, punctum doublé (distropha) ou triplé (tristropha) Il est tantôt isolé, tantôt au commencement d'un neume.

L'Oriscus est une double note jointe à un neume précédent. Il s'exécute aussi par un léger *decrescendo*.

A ces notes doubles, il faut ajouter le **Pressus**. On appelle ainsi la rencontre de deux notes sur le même degré ce qui peut arriver de plusieurs manières.

1° Par un *punctum* placé devant la 1ère note d'une clivis. (Ex. 1°)

2° Par la juxtaposition de deux neumes, la dernière note du premier se trouvant sur le même degré que la première note du second, par exemple **podatus** et **clivis** (2°)

_ clivis et clivis (3°), _ climacus et clivis (4°), scandicus et climacus.(5°)

Les deux notes juxtaposées dans la notation grégorienne se fusionnent dans l'exécution et n'en forment plus qu'une seule de valeur double, et dont l'attaque doit être forte.

NOTA: Nous avons cru devoir donner ici les noms techniques de ces divers signes. On peut ne pas s'en préoccuper outre mesure. Il suffit à la rigueur de bien savoir distinguer les neumes et d'en connaître exactement l'interprétation.

§ II._ DU RHYTHME

Le rhythme consiste dans la succession marquée et bien proportionnée des diverses parties qui constituent une mélodie.

En musique il est caractérisé par les temps forts de la mesure et par les cadences de la phrase musicale.

Dans le chant sacré, où il n'y a point de mesures, il résulte de l'accent des mots et de celui neumes, qui constituent de véritables *ictus* ou temps forts, et des différentes pauses qui marquent les divisions des phrases mélodiques.

A. DES ACCENTS OU *ICTUS* FORTS

1º ACCENT TONIQUE OU SYLLABIQUE._Tout mot latin a un accent (à l'exception toutefois des prépositions, des conjonctions, des adverbes faisant office de préposition,et des pronoms qui, quæ, quod;) et il n'y a jamais qu'un accent sur chaque mot.

Les mots de deux syllabes sont toujours accentués sur la première, sauf les mots hébreux. Les mots de trois syllabes ou plus le sont sur l'avant-dernière si elle est longue prosodiquement; sinon, c'est toujours sur l'antépénultième.

Les livres liturgiques marquent d'ordinaire l'accent sur tous les mots qui ont plus de deux syllabes, excepté pourtant sur les majuscules typographiques,et sur les minuscules y, æ, œ qui sont toujours longues.

2º ACCENT NEUMATIQUE._ Outre cet accent tonique, chaque neume ou groupe vocalisé a aussi sa note accentuée qui constitue son temps fort. C'est la première note de ce neume, sa note d'attaque. La voix doit la marquer par une légère impulsion, et couler sur les suivantes, qui forment comme les temps ou *ictus* faibles.

Quand un neume a plus de quatre notes, on le subdivise, et chacune des deux parties a son temps fort; mais celui de la seconde partie est moins accentué.

Il en est de même lorsque deux neumes s'enchaînent. Ils s'exécutent *legato*, comme s'il n'y avait qu'un seul neume; mais il y a deux temps forts.

Quand un neume de quatre notes est précédé ou suivi d'un neume de trois, la succession des temps forts serait défectueuse. Pour y remédier, il faut donner deux accents au groupe de 4 notes.

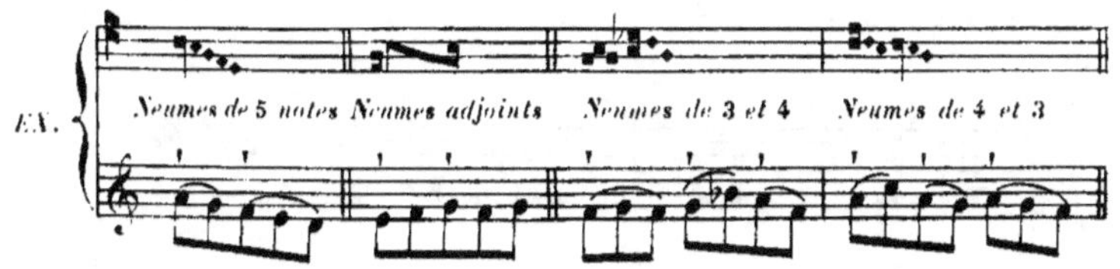

3° ANACHROUSES.— Dans le chant syllabique, les notes qui précèdent le temps fort, et, dans les parties vocalisées, certaines notes isolées qui séparent les neumes, forment *anachrouse*. On appelle ainsi les notes initiales qui, en musique, anticipent sur le temps fort.

Ce sont des notes communes sur lesquelles on ne doit pas appuyer. Dans les exemples suivants nous les désignerons par une *.

Quand deux neumes sont juxtaposés ou adjoints, si le premier n'a que deux notes, on peut le considérer comme anachrouse. Il en est de même des deux premières notes d'un neume de cinq. C'est une autre manière de le diviser.

B. DES PAUSES.— La phrase oratoire se compose de mots, et sa beauté résulte de leur bonne succession. Il en est de même de la phrase musicale. Elle se compose de mots mélodiques, et leur bon enchaînement contribue puissamment à la beauté du rhythme.

En plain-chant comme en musique, ce sont les repos ou cadences qui distinguent les les divers membres de phrase mélodique et qui en constituent le rhythme propre.

Ici les repos ou cadences s'appellent **pauses**, et ils sont exprimés soit par les barres de la portée, soit par des blancs qui espacent les neumes vocalisés.

1° On distingue trois espèces de barres, la *double barre*, la *grande barre*, et la *moyenne barre*. Dans quelques éditions on en trouve une 4ᵉ que l'on appelle *petite barre* et même la *virgule*.

Double barre; Grande barre; Moyenne barre; Petite barre; Virgule.

La *double barre* indique un repos final ou un changement de chœur. On la trouve aussi au commencement des morceaux pour marquer la fin de l'intonation. Dans ce cas, il ne faut pas en tenir compte à la reprise du morceau par tout le chœur, ou du moins il faut l'interpréter selon le sens grammatical et mélodique.

_ La *grande barre* se place à la fin des phrases musicales.

_ La *barre moyenne* se met à la fin des membres de phrase. (Dans certaines éditions modernes, les moyennes barres ont été beaucoup trop multipliées : elles servent à indiquer la séparation de chaque mot. Il faut donc en supprimer un certain nombre, d'après le sens de la phrase et de la mélodie.)

Ces trois espèces de barres ont un effet rétroactif: elles doublent la note qui les précède immédiatement, et si ces barres sont précédées d'une *clivis* ou d'un *podatus*, les deux notes de ces groupes sont doublées.

Outre cet effet rétroactif, la grande barre compte elle-même pour un silence de deux notes, en transcription moderne, pour un soupir.

La moyenne barre n'entraîne pas avec elle une valeur de silence.

2° Les pauses légères et les endroits de respiration sont indiqués, dans les parties vocalisées, par des espaces blancs qui séparent les neumes.

Quand le blanc équivaut à l'épaisseur d'un *punctum* ou davantage, on donne à la note qui précède le double de sa valeur.

On traite de la même façon, dans les parties neumatiques, la *virga* et le *punctum* isolés avant un groupe. Ils sont par le fait même suivis d'un blanc; c'est pourquoi on les double en valeur.

Dans certaines éditions, les repos minimes sont indiqués par la petite barre (quart de barre) ou par la virgule, dans les parties tant syllabiques que neumatiques, et toutes les notes qui doivent avoir une valeur double sont suivies d'un point(·).

§ III. _ EXEMPLE

Pour terminer et résumer ce chapitre, nous donnons ici l'Introït *Gaudeamus*, avec transcription musicale moderne. On y trouvera l'application des principales règles que nous venons d'exposer.

di _ em festum ce _ le _ brán _ tes sub ho _ nó _ _ re
Sanctó _ rum óm _ ni _ um _ de quo _ rum so _ lem _ ni _ tá _ _ te
gau _ dent An _ _ ge _ _ _ _ li, et colláu _ _ dant
Fi _ li _ um De _ _ i. Ps. Ex _ ul _ tá _ te jus _ _
rall.
_ ti in Dómi _ no: rec _ tos de _ cet col _ lau dá _ ti _ o. Gló _ ri _ a Pa _ tri _
se _ cu _ ló _ rum, A _ men.
rall.

Chapitre II.

DE L'EXÉCUTION DU CHANT GRÉGORIEN

Pour bien accompagner le chant grégoriano-bénédictin, il ne suffit pas à l'organiste de pouvoir en analyser les mélodies; il faut qu'il connaisse aussi les principales règles de sa bonne exécution.

Voici à ce sujet quelques préceptes courts et pratiques, empruntés en grande partie aux écrits de Dom Pothier.

§ I.— OBSERVATIONS GÉNÉRALES.

A. Caractère du Chant grégorien.— «Les mélodies grégoriennes, a dit Dom Pothier, ne sont autre chose que la parole habillée, embellie et transformée par le moyen des sons.» On doit chanter comme on parle, dit à son tour le vieux proverbe. Ajoutons qu'ici la parole chantée c'est souvent celle de l'Esprit-Saint; c'est toujours celle de l'Eglise, son Epouse, c'est sa prière, c'est l'expression du culte qu'elle rend à Dieu. Cette pensée doit toujours présider à l'exécution du chant sacré.

1º Les notes, nous l'avons déjà dit, n'ont par elles-mêmes aucune valeur de force ni de durée; toute celle qu'elles peuvent recevoir leur vient de la syllabe du texte, ou de la place qu'elles occupent dans la phrase musicale. Il n'y a en soi ni longues ni brèves, et l'on donne à peu près la même valeur à chaque note simple, celle d'une croche musicale, en tenant compte des quelques exceptions que nous avons indiquées. Les notes doubles ont la valeur d'une noire; les notes triples celle d'une noire pointée.

2. On doit chanter avec un parfait ensemble, *dolce*, et toujours dans le style lié. Quoique la durée des notes simples soit à peu près égale, il faut éviter de les exécuter *saccato* et comme en frappant un coup à chacune d'elles. L'impression doit au contraire être celle d'une mélodie procédant par groupes unis de deux, trois ou quatre notes bien liées.

3. L'accent que l'on doit faire sur certaines syllabes et sur certaines notes, (les temps forts), n'est pas une prolongation du son, mais un certain élan, une légère impulsion de la voix. Il doit être préparé par une émission plus faible, plus obscure, des notes qui précèdent et de celles qui suivent.

4. Chaque pause ou cadence doit être marquée par un *rallentando* et *diminuendo* des dernières notes, d'une façon légère pour la cadence des membres de phrases, et plus considérable à la fin des phrases ou avant le repos final.

5. On doit avoir grand soin de donner à ces repos leurs valeurs respectives, et, quand les deux parties du chœur se succèdent, il faut qu'il y ait, avant chaque reprise, un temps vide ou silence bien caractérisé, de la valeur d'une note simple.

Cette bonne exécution des repos est tout à fait indispensable. C'est grâce à ces pauses bien faites que le chant monastique, malgré sa réelle rapidité, n'a jamais un caractère de précipitation.

6. C'est aux diverses pauses qu'il faut respirer, quand il en est besoin; et l'on doit prononcer d'une seule haleine toutes les syllabes d'un même mot, lorsqu'il n'est pas chargé de notes outre mesure.

En tout cas, *on ne doit jamais faire de pause, quelle qu'elle soit* (respiration ou simple prolongation de note à la fin d'un neume, mora vocis) *immédiatement avant une syllabe, dans un mot déjà commencé.* Cette règle d'Elie Salomon était appelée *règle d'or* par les anciens.

« Pour éviter ces coupures maladroites, qui s'appellent *points de savetier*, il faut, lorsqu'on est obligé de respirer dans le corps d'un mot, réserver, avant chaque syllabe, un groupe d'au moins trois ou quatre notes, qui, émises après la pause, opèrent pour l'oreille la liaison désirée » (Dom Pothier).

Et généralement, quand on reprend haleine ailleurs qu'à la fin d'une phrase ou d'un membre de phrase musicale, il faut le faire comme à la dérobée, et sans arrêter le mouvement.

B. Du mouvement._ Pour se faire entendre et goûter, un orateur ne doit aller ni trop lentement ni trop vite. Il ne serait pas compris s'il parlait avec la lourdeur d'un enfant qui épelle, ou avec la rapidité de l'écolier récitant d'un trait la fable qu'il sait par cœur.

Il en est de même du chant grégorien. « Son mouvement doit être égal, vif, aisé, plutôt rapide que lent. Il doit produire une double impression d'activité et de calme tout à la fois. Il ne court pas, il ne traîne pas, il marche. C'est là un critérium infaillible. Si l'impression produite n'est pas celle-là, le mouvement n'est pas bon. »

Nous avons traduit la note ordinaire par une *croche* musicale. La croche d'un andante à $\frac{2}{4}$ répond assez bien à la vitesse moyenne des notes du chant grégorien. Les auteurs compétents indiquent comme moyenne générale pour chaque note un battement du métronome au Nº 132, avec une variation de mouvement suivant la nature des morceaux, mais dont l'écart ne doit pas dépasser les Nºs 108 en lenteur, et 152 en rapidité.

Qu'il y ait lieu de modifier un peu le mouvement d'après le caractère des pièces, nous ne le nions pas. Ainsi un *offertoire* doit avoir une allure plus grave qu'un *alleluia*. Il ne faut rien exagérer pourtant, et ne pas confondre la gravité avec la lenteur et la lourdeur.

Aux grandes fêtes, le mouvement ne doit pas différer notablement de celui des fêtes ordinaires. Les compositeurs du chant grégorien ont pris soin d'orner davantage les mélodies de ces solennités, et les chants communs désignés pour ces fêtes sont eux-mêmes plus riches. Tout au plus pourrait-on ralentir légèrement ou, selon le conseil de S. Bernard, prendre un ton plus élevé et faire les pauses un peu plus larges.

Le mouvement à donner au chant doit aussi dépendre du nombre et de la force des voix, ainsi que de l'étendue du local ou l'on chante.

En pratique «il suffit d'adopter pour le chœur un mouvement bien égal, le même à peu près dans tous les morceaux, pour obtenir un résultat satisfaisant.»

C.—Expression.— Convient-il de donner de l'expression au chant grégorien? Oui, certes. Ce chant, avons-nous dit, c'est le culte que l'Eglise rend à Dieu, c'est la louange, l'action de grâces, la prière suppliante. Tout cela doit être, autant que possible, compris, senti, *exprimé* par les exécutants.

Mais cette expression doit être calme, simple, naturelle comme le chant grégorien lui-même, et n'avoir rien de recherché, d'affecté, de prétentieux. Il faut donc écarter soigneusement tous les ornements exagérés, les contrastes violents de *forte* et de *piano*, les roucoulades, les fioritures et les ports de voix qu'emploie volontiers la musique moderne.

Les inflexions réclamées par l'accent des mots et des neumes, avec les légers *decrescendo* qui préparent les pauses, doivent généralement suffire.

Pour donner au chant ecclésiastique son expression vraie, il faut surtout éviter de crier. Généralement on chante trop fort, et le lié, l'accent, le rhythme cessent d'être sensibles.

On doit s'appliquer ensuite à faire ressortir, autant que possible, les sentiments exprimés par le texte. Il faut donc, pendant l'exécution du chant et en particulier des neumes, avoir toujours présent à l'esprit le sens au moins général des paroles. C'est au maître de chœur qu'incombe la tâche de le faire comprendre à ses chantres.

Voici d'une façon générale l'expression qui nous paraît convenir aux diverses parties du chant liturgique:

— Introït, Graduel, Offertoire: sentiments de foi simple et vive.

— Alleluia: sainte joie.

— Trait: sentiments d'humilité et de pénitence.

— Communion: reconnaissance et amour.

— Kyrie et Agnus: prière humble et suppliante.

— Gloria: zèle ardent pour la gloire de Dieu.

— Credo: foi ferme et accentuée.

— Répons de la préface: élan enthousiaste.

— Sanctus: louange émue et recueillie.

— Les hymnes en général expriment la joie et doivent être chantées avec animation.

Encore un élément de nuance dans le chant: On trouve assez souvent, dans les mélodies grégoriennes, des passages qui sont la répétition et comme l'écho de la formule qui précède. Dans ce cas on devra les exécuter un peu plus doucement que la première fois.

§ II.— DES DIVERS GENRES DE MÉLODIES

A. Des mélodies syllabiques.— On donne ce nom aux mélodies dont les syllabes n'ont qu'une note chacune, ou qui ne contiennent que des neumes rares et très courts.

C'est ici surtout qu'il faut observer, dans le chant, les règles de la bonne lecture. Un bon lecteur, un bon orateur articule bien; il donne à chacune des syllabes la même valeur à peu près, mais sans monotonie; il accentue chaque mot selon son importance; il unit étroitement les mots qui dépendent l'un de l'autre; il sépare ceux qui doivent être séparés, et il distingue chaque phrase, chaque membre de phrase par des pauses convenables.

C'est exactement ce qu'il faut faire en exécutant le chant syllabique.

a) Prononcer chaque mot très correctement, d'un seul jet, à notes bien liées.

b) Chanter chaque syllabe comme si l'on parlait en public, distinguant celle qui est accentuée par une impulsion de la voix proportionnée à l'importance du mot, mais sans coup de gosier et sans prolongation; prononçant distinctement celles qui précèdent et celles qui suivent, d'une façon bien égale; et posant doucement, naturellement et sans effort la dernière syllabe de chaque mot.

c) Ne pas séparer les mots unis par le sens: misericordes | oculos; —post hoc | exilium; — et cum | spiritu tuo; —sed libera | nos a malo. — Par contre, ne pas unir trop brusquement la dernière syllabe du mot qui précède à la première du mot qui suit: Patriet Filio.

d) Enfin, bien distinguer les phrases et les membres de phrases en préparant, comme nous l'avons dit, les diverses cadences, et en donnant à chacune sa réelle valeur.

B. Mélodies neumatiques. — Ici, c'est encore la parole, mais une parole habillée, ornée, fleurie. Elle demande à être exprimée avec grâce.

Rappelons ici un principe déjà exposé et qu'il ne faut jamais perdre de vue, c'est que les figures neumatiques forment, non pas une suite de notes séparées, mais une unité, un tout indivisible. Par suite les sons de chaque neume doivent être liés aussi étroitement que possible. Il faut donc bien se garder de marquer chacun d'eux par une sorte d'aspiration ou par un coup de glotte; mais, pendant leur émission, tous les organes de l'articulation doivent rester dans l'immobilité la plus complète, les cordes vocales seules étant en jeu et vibrant sous un souffle continu, en vertu d'une première impulsion.

1º Neumes isolés. — Quand chaque neume correspond à une syllabe distincte, il doit être chanté d'un seul trait, à notes bien égales et très liées, comme nous venons de le dire, avec une légère attaque ou impulsion de la voix partant de la première note du groupe. Cette impulsion, répétons-le, n'est pas une prolongation ni un coup de gosier, mais un simple mouvement de la glotte, qui ensuite demeure immobile.

Ces neumes isolés participent à la valeur de la syllabe à laquelle ils correspondent. Ainsi 1º) l'impulsion donnée au neume sera plus grande si la syllabe est forte en vertu de l'accent; elle sera plus faible si la syllabe n'est pas accentuée. _ 2º) Quand le neume se trouve à la fin d'une phrase ou d'un membre de phrase, il doit être ralenti de façon à ce que le *ritardendo* porte sur toutes les notes du neume; à moins que la longueur de ce neume ne le rende susceptible de subdivision; car alors ce sont les deux ou trois notes finales seulement qui sont ralenties.

2º **Neumes juxtaposés.** _ Quand à une syllabe du texte correspond une série de neumes, il faut les unir entre eux aussi étroitement que possible, mais distinguer le commencement de chaque groupe par un léger accent, et la fin par un léger prolongement ou retard de voix, (mora vocis), sans cependant interrompre le mouvement, à moins que les signes de division de la phrase ne le réclament, comme nous l'avons dit en parlant des pauses.

Ces règles du chant neumatique peuvent très bien s'appliquer à l'exécution du chant des éditions modernes; mais, comme le partage des neumes n'y est pas indiqué, on devra l'y marquer préalablement au moyen d'accents ou de ligatures. On devra rectifier aussi, par des coups de crayon, la place des blancs qui est très souvent défectueuse. Une comparaison des morceaux avec ceux des éditions de Solesmes aidera beaucoup dans ce travail.

C. Psalmodie. _ Les règles de la psalmodie sont exposées dans des traités spéciaux; nous ne pouvons les développer ici. Contentons-nous de quelques observations propres à notre sujet.

1. Le chant des psaumes est un chant syllabique, et il en suit toutes les règles.

2. Ce chant doit être mené rondement, mais sans précipitation. Chaque partie des versets sera dite d'un seul trait autant que possible. Sinon que l'on s'arrête avec ensemble à un endroit permis par la ponctuation grammaticale ou par le sens.

3. La médiante de chaque verset doit être marquée par ce que les Bénédictins appellent une *bonne pause*. Cette bonne pause équivaut à deux notes simples, et voici la règle qu'ils donnent pour la bien mesurer. On compte une mesure à quatre temps, de la manière suivante: 1er temps sur la dernière syllabe avant le repos; deux autres temps vides, puis au 4e la reprise avec ensemble et précision. Ce repos ainsi exécuté est tout à fait indispensable.

Le silence après la finale, entre deux versets, n'a que la valeur d'un temps vide.

4. Le cantique *Magnificat* se chante avec un peu plus d'ampleur que les psaumes. Ce n'est pas toutefois une raison pour le traîner.

5. Un ensemble parfait dans l'attaque, dans l'articulation des syllabes et dans les repos, donne à la psalmodie, malgré sa simplicité apparente, un caractère extraordinaire de grandeur et de puissance.

D. Hymnes et Proses. — On doit éviter de précipiter le mouvement des hymnes et des proses, comme aussi de les saccader sous prétexte d'accent métrique. On s'appliquera à les chanter à notes bien liées et bien égales.

Voici la façon dont se coupent d'ordinaire les strophes:

1. Strophe iambique dimètre (*Creator alme siderum*): Si la mélodie est syllabique ou très peu chargée de neumes, on chante sans arrêt les vers deux par deux, et l'on fait une grande pause (soupir ou valeur de 2 notes) après le second vers.

Quand la mélodie est neumatique, la grande pause a lieu après chaque vers.

2. Strophe iambique trimètre. (*Decora lux* æternitatis auream*, fête de St Pierre): Grande pause après chaque vers, et un léger prolongement sans respiration (*mora vocis*) à la césure*.

3. Strophe trochaïque (*Pange lingua gloriosi Corporis mysterium.*) Grande pause de deux en deux vers; *mora vocis* après les autres.

4. Strophe saphique: (*Iste confessor* Domini colentes:*) Grande pause après chaque vers. A la césure *mora vocis* sans respiration, si la syllabe qui précède la césure ne porte qu'une note. Pas de *mora*, si elle porte deux notes.

5. Strophe asclépiade: (*Sacris solemniis* juncta sint gaudia:*) Grande pause après chaque vers, et *mora vocis* à la césure.

6. Mètres particuliers. Il est facile de les faire entrer dans les cas précédents. Les barres marquées dans les livres renseignent en cas de doute.

On est porté à mesurer certaines hymnes: *Creator alme siderum*, *Te lucis ante terminum*, *Jesu dulcis memoria*; et, parmi les anciennes proses, celle de la Pentecôte: *Veni sancte Spiritus*. Il faut s'en garder très soigneusement.

Chapitre III

DE L'ACCOMPAGNEMENT

§ I. THÉORIE ET RÈGLES

1. C'est surtout avec le chant des neumes, tel que nous venons de l'expliquer, que l'accompagnement syllabique se trouve peu d'accord. Il a pour principal in_convénient de rompre leur unité, en épelant par syllabes ce qui doit être groupé en mots mélodiques.

On a donc cherché à le remplacer par un autre genre d'accompagnement plus approprié à la nature de ces neumes, et l'on n'a pas tardé à se trouver à peu près d'accord sur les principes qui suivent:

1° Distinguer, dans les mélodies grégoriennes, tant syllabiques que neumatiques, les notes *principales* et les notes *secondaires*; placer les accords sous les pre_mières et traiter les autres en notes mélodiques, étrangères ou réelles, suivant qu'elles appartiennent ou non à l'accord initial. [1]

2° Employer dans cet accompagnement *l'harmonie espacée*, dont nous avons parlé au Chapitre V de la section précédente, et qui, partageant l'accord d'une manière égale entre les deux mains, permet à la main droite d'exécuter les no_tes mélodiques.

3° N'user que d'accords consonnants, (l'accord parfait et ses renversements,) sans se préoccuper de quelques dissonances rapides qui seront produites par les notes accidentelles, étrangères à l'harmonie. Le premier renversement ou ac_cord de sixte s'emploie d'une manière courante. On ne fait usage de l'accord de sixte quarte ou second renversement qu'exceptionnellement et principalement dans les cadences.

4° S'en tenir scrupuleusement à l'accompagnement diatonique et modal dont nous avons parlé dans la première section.

5° Donner à chaque mode ses cadences harmoniques propres, celles dont nous avons expliqué les règles en traitant de l'accompagnement syllabique.

2. Ces principes étant admis, voici comment l'organiste pourra procéder pour déterminer son accompagnement:

Il étudiera préalablement la mélodie à accompagner, et il la divisera en grou_pes de deux, de trois et parfois de quatre notes, en se basant autant que possible sur le rhythme du morceau, et en respectant les neumes, qu'il subdivisera au besoin selon les règles indiquées plus haut, évitant toujours les successions de 4 et 3.

---

[1] En musique moderne, ces notes étrangères à l'harmonie s'appellent notes de passage, appogiatures, brode_ries, échappées mélodiques, anticipations. On verra dans la 3ᵉ Partie de cet ouvrage, la signification de ces mots et les règles qui concernent ces diverses notes accidentelles.

Il aura ainsi, en tête de chaque groupe, les notes *principales*, celles sur les_ quelles doivent s'opérer les changements d'accords.

Ces notes principales sont:

1? Dans le chant syllabique: **a)** La note de la syllabe accentuée.

b) La note initiale d'un mot, s'il y a plusieurs syllabes avant l'accent.

c) La note finale des mots qui ont plusieurs syllabes ou plusieurs notes après l'accent tonique.

2? Dans les parties neumatiques: **a)** La note initiale de chaque neume.

b) Le point de jonction dans les neumes subdivisés.

c) Les notes doubles ou triples: *oriscus, bivirga, bistropha, tristropha, pressus.* (Dans le *pressus*, note doublée par la jonction de deux neumes, l'accord peut être frappé au commencement ou au point de jonction.)

d) Toutes les notes qui forment cadence, c'est-à-dire qui sont suivies d'une grande barre, d'une barre moyenne, ou d'un blanc considérable. Il ne s'agit pas ici du *mora vocis* de valeur minime qui se fait à la fin des neumes adjacents ou séparés par un blanc de peu de valeur.

On doit même se garder soigneusement de mettre en évidence, par un accord, la note finale d'un groupe immédiatement avant une syllabe, dans un mot déja com_ mencé. La *règle d'or* l'interdit à l'organiste aussi bien qu'au chantre.

e) Les initiales des notes isolées ou anacrouses de plusieurs notes.

f) Quand une note isolée correspond à une syllabe accentuée et est suivie d'un neume correspondant à une autre syllabe, on est libre de choisir soit la note sylla_ bique, soit l'initiale du neume pour y placer l'accord.

3. L'accompagnateur n'oubliera pas que son rôle est d'encadrer en quelque sorte la mélodie, de la faire valoir et d'aider à sa parfaite exécution. Aussi pourra-t-il se permettre quelques exceptions aux règles qui précèdent, quand il le jugera néces_ saire pour mieux marquer le rhythme et le sens de la phrase.

Il saura aussi que les notes principales, énumérées ci-dessus, n'ont pas toutes la même valeur. A la syllabe accentuée, aux initiales des neumes et aux dernières notes des grandes cadences, il donnera les accords principaux de chaque mode, dans leur état direct autant que possible, réservant aux autres les renversements et les accords secondaires.

Il devra apporter une attention particulière au choix de l'accord initial des neumes et groupes syllabiques, de façon à ce qu'il renferme le plus de notes ré_ elles possible. C'est par ce moyen qu'il obtiendra une harmonie douce, coulante et naturelle.

Dans ce but, il n'hésitera pas, s'il le faut, à traiter la première note d'un groupe en note étrangère à l'harmonie, pourvu toutefois qu'elle descende d'un degré ou qu'elle monte d'un demi-ton, c'est à dire qu'elle ait les conditions d'une appogia_ture. Exemples :

Enfin il veillera soigneusement à éviter les suites de quintes ou d'octaves ca_chées, qui peuvent facilement se produire par la succession des notes mélodiques sur le même accord.[1]

Pour y remédier, on pourra exécuter parfois le groupe de notes mélodiques en sens inverse dans l'une des parties inférieures. Exemples :

4. Notons encore qu'il est permis, pour préparer une cadence finale de faire por_ter un accord à la dernière et même à l'avant-dernière note d'un neume. "A la néces_sité d'une bonne conclusion harmonique se joint ici la raison même de l'exécution qui veut qu'on ralentisse les notes finales d'une phrase complète et d'un morceau."Exemples:

---

[1] Voir 3e Partie, Chapitre VI, paragraphe I.

§ II. EXEMPLES

Il ne nous reste plus qu'à donner quelques exemples. L'élève qui nous aura bien suivi les comprendra et les exécutera sans peine. Il arrivera même facilement à accompagner sur un simple texte noté en musique, au dessus duquel il aura chiffré les accords, suivant notre méthode, et comme nous le faisons en terminant.

A. MORCEAUX HARMONISÉS.

1ᵉʳ MODE

(1) Ce signe ⌐ indique que la première note est une *appogiature* étrangère à l'accord.

ré_ctos décet col_laudáti_o. Glóri_a Pá_tri sae_cu_lórum. A_men.
2ᵉ MODE
unisson
Intr: Sal_ve sancta Pa_rens, e_ni_xa pu_ér_pe_ra Re_
_gem, qui cœlum ter_ram_que re_git in sæ_cu_la sæ_
_cu_ló_rum. T.P: Al_le_lú_ia, al_le_lú_ia.
Ps: E_ru_ctá_vit cormeum ver_bum bo_num: di_co e_go ó_pe_ra me_a Re_gi.

3ᵉ MODE

4ᵉ MODE

V: Ascendit De _ us in ju_bi_la _ ti _ o _ ne, et Dó_mi _
_nus in vo _
_ce tu _ bae.
rall.
5e MODE
Ant: O sa _ crum con_vi_vi _ um in quo Christus sú _ mi_tur,
re_có _ li _ tur me _ mó _ ri_a passi _ ó _ nis e _ jus,

mens im _ plé _ tur grá _ ti _ a, et fu _ tú _
_ rae glo_ri _ æ no_bis pi_gnus da _ tur. Al_le _
_ lú _ ia.
6ᵉ MODE
Ho_mo quidam fe _ cit cœ_nam magnam et misit ser_vum su_um ho_ra cœnœ
di_ce_re in vi_ta_tis ut ve_ni_rent* Qui_a pa_rá_ta sunt

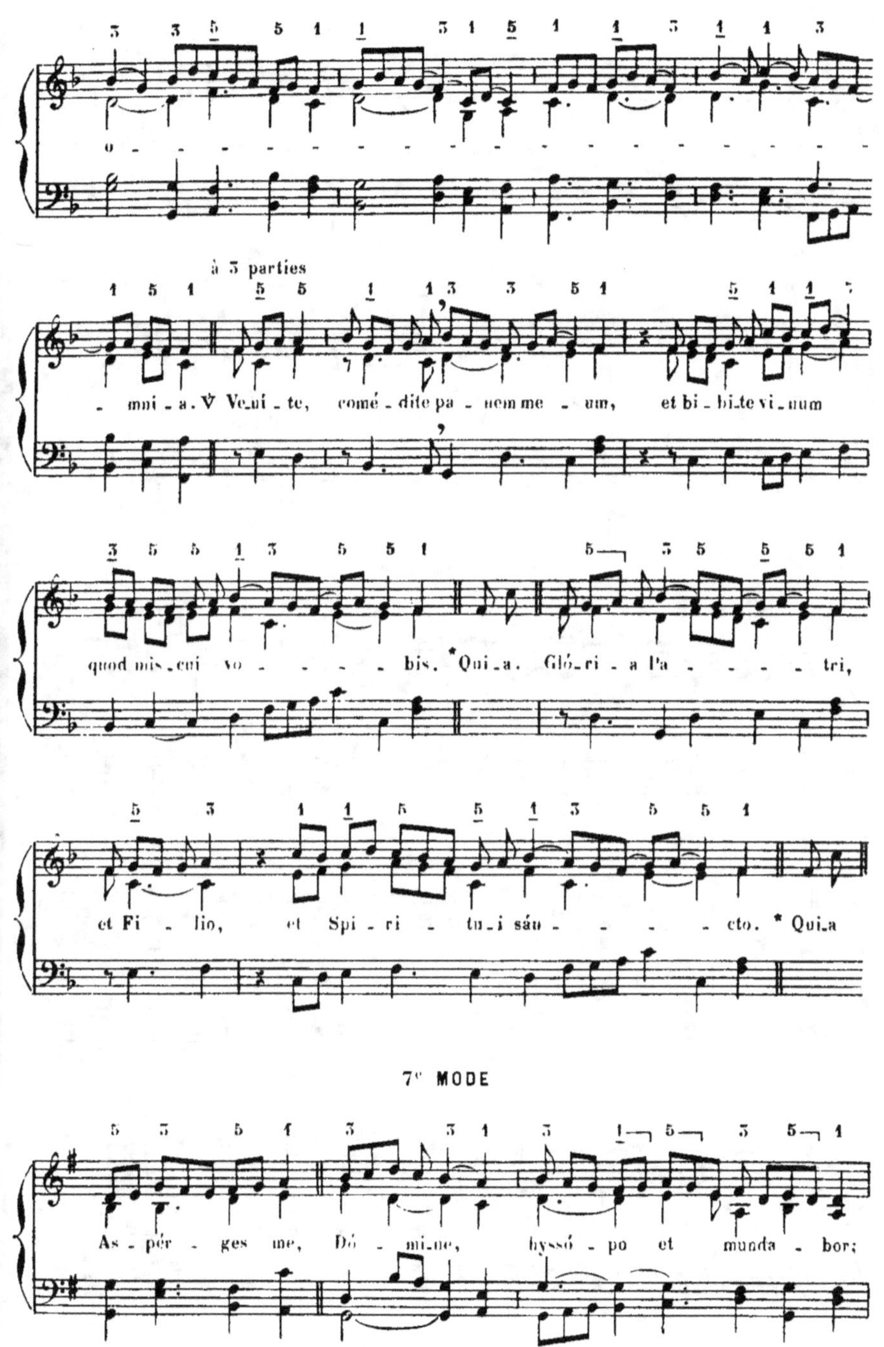
à 3 parties
_ mni _ a. ℣ Ve_ni _ te, comé _ dite pa _ nem me _ um, et bi _ bi _ te vi _ num
quod mis_cui vo _ _ _ _ bis. *Qui_a. Gló_ri _ a Pa _ _ _ _ tri,
et Fi _ lio, et Spi _ ri _ tu_i sáu _ _ _ _ cto. * Qui_a
7e MODE
As _ pér _ ges me, Dó _ mi_ne, hyssó _ po et munda _ bor;

la _ va _ bis me, et ______ su _ per ni _ vem de _ al _ bá _ bor.
Mi _ se _ ré _ re me _ i De _ us, se _ cún _ dum magnam misericór _ diam tú _ am Gloria etc.
8e MODE
Vi _ di ______ a _ quam e _ gre _ di _ én _ tem de tem _ plo ______
a la _ te _ re ___ dex _ tro, __ al _ le _ lú _ ia:
et o _ mnes ad quos per _ vé _ nit a _ qua is _ ta, ______

B. MORCEAUX CHIFFRÉS

L'élève devra écrire l'accompagnement indiqué, en ayant soin d'arranger les parties de façon à éviter les suites de quintes et d'octaves.

Il s'efforcera ensuite de jouer l'harmonie à la seule inspection des notes chiffrées, et il ne quittera pas ces exercices avant d'être suffisamment familiarisé avec ce genre d'accompagnement. (Les points qui se trouvent entre les chiffres marquent le rythme.)

DU 1er MODE

(**Kyrie**. des fêtes doubles)

DU 2e MODE

(Sanctus des Dimanches dans l'année. Transposé dom. si ♭)

DU 3e MODE

Kyrie des fêtes solennelles (Fons bonitatis.)

DU 4ᵉ MODE

(Agnus Dei: Des fêtes doubles.)

DU 5e MODE

(Gloria in excelsis, fêtes doubles.)

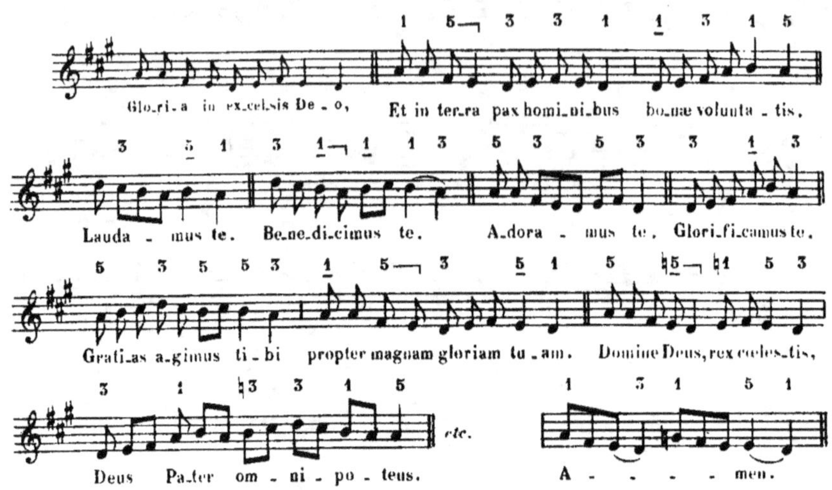

DU 6e MODE

(Sanctus. Infra Octavas.)

DU 7e MODE

(Gloria. Messes de la Ste Vierge. Transposé dom. La.)

etc.

DU 8e MODE

(Sanctus. des fêtes doubles)

TROISIÈME PARTIE

de l'Harmonie dissonante

L'harmonie dissonante est celle dans laquelle, aux accords parfaits se mêlent les accords dissonants. Les accords *dissonants* portent ce nom parce que, entendus isolément, ils ne satisfont point l'oreille. Ils ont besoin d'être suivis d'un autre accord sur lequel celle-ci se repose. Cette succession et ce repos s'appellent *résolution*.

Nous allons indiquer, dans cette partie, tous les accords dissonants employés en musique, avec leurs résolutions, leurs successions et leurs modifications diverses.

Chapitre I

DE L'ACCORD DE SEPTIÈME DE DOMINANTE

§ I.—SA NATURE

Le plus important des accords dissonants, celui qui a donné naissance à la plupart des autres, et qui joue le plus grand rôle dans ce genre d'harmonie, c'est l'accord de *septième de dominante*.[1]

Il a pour base fondamentale la dominante d'un ton majeur ou mineur. Il se compose de l'accord parfait majeur de cette dominante, auquel on ajoute une septième mineure. Il se chiffre +7

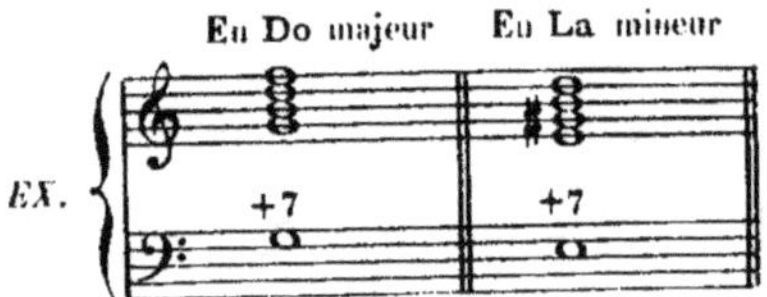

Comme l'accord parfait, l'accord de 7e de dominante peut avoir autant de *positions* qu'il a de notes. (On se rappelle que les positions dépendent de la note qui se trouve à la partie supérieure.)

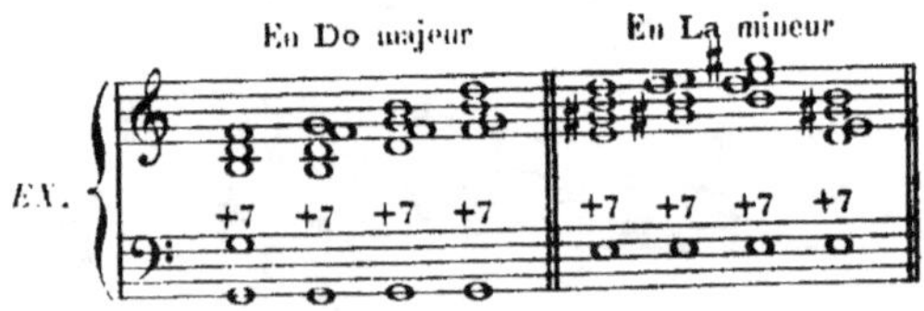

(1) Ce fut Monteverde qui, à la fin du XVIe siècle, fit usage pour la première fois de cet accord, dont l'admission dans l'harmonie devint une véritable révolution musicale. En effet la faveur obtenue par l'accord de 7e de dominante entraîna définitivement l'emploi jusque-là très restreint des dissonances, et on en vit résulter, dans les compositions, un accent de passion que ne possédaient pas les œuvres anciennes. Cette cause a beaucoup contribué au développement de la musique dramatique.

Rappelons aussi que souvent les notes d'un accord sont superposées autrement que dans leur ordre naturel. Ainsi les dispositions suivantes ne changent ni la nature de l'accord de 7ᵉ de dominante, ni ses positions.

En Do majeur.   En La mineur.

EX:

Pour reconnaître un accord ainsi disposé, il suffit de rétablir les notes dans leur succession par tierces. Ainsi, on lira, pour tous les exemples qui précèdent, en do majeur: *sol, si, ré, fa*, en la mineur: *mi, sol ♯, si, ré*.

§ II.— RENVERSEMENTS DE L'ACCORD DE SEPTIÈME DE DOMINANTE.

Outre son état direct, l'accord de 7ᵉ de dominante a trois renversements. (On a vu dans la **Première Partie,** comment se forment les *renversements.* On les ob-tient en prenant pour basse, non la fondamentale, mais une des autres notes de l'ac-cord.)

Le premier se compose d'une *tierce mineure,* d'une *quinte diminuée* et d'une *sixte mineure,* il porte le nom de *quinte diminuée sixte,* et se chiffre: $\frac{6}{5}$ (ou plus simplement: + 7).

Le second se compose d'une *tierce mineure,* d'une *quarte juste* et d'une *sixte sensible;* il porte le nom de *sixte sensible* et se chiffre: + 6, (ou + 7).

Le troisième se compose d'une *seconde majeure,* d'une *quarte augmentée,* et d'une *sixte majeure,* il porte le nom d'accord de triton [1] et se chiffre + 4 (ou + 7).

EX:

Etat direct.   1ᵉʳ renvᵗ.   2ᵉ renvᵗ.   3ᵉ renvᵗ.

Comme on le voit, le premier renversement de l'accord de 7ᵉ de dominante a pour basse le 7ᵉ degré de la gamme, le second renversement le 2ᵉ degré, et le 3ᵉ renversement le 4ᵉ degré.

___
[1] À cause des trois tons contenus dans l'intervalle de *quarte augmentée.*

L'accord de Septième de dominante contient à la fois et la note sensible qui tend à monter d'un demi-ton, et le 4° degré qui tend à descendre d'un demi-ton en majeur, et d'un degré en mineur.

Cette double attraction appelle impérieusement l'accord de la tonique, qui possède le 3° et le 8° degrés demandés par ces deux notes. L'accord de 7° de dominante a donc sa résolution régulière sur l'accord de tonique.

Dans cette résolution, la *tierce* monte d'un degré,

la *septième* descend d'un degré,

la *quinte* monte ou descend d'un degré,

la *note fondamentale* descend d'une quinte ou monte d'une quarte quand elle est à la basse; dans une partie haute, elle reste ordinairement sur le même degré comme note commune aux deux accords.

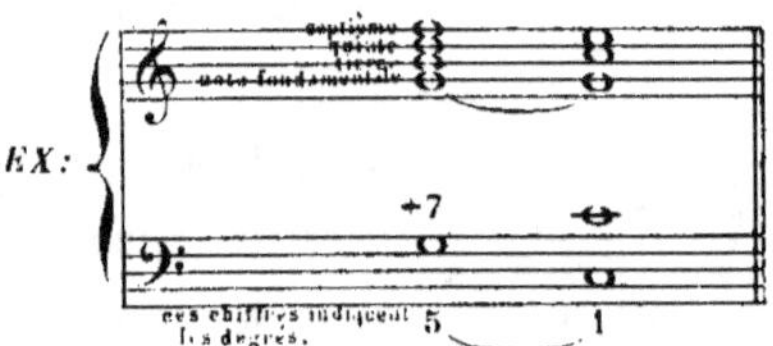

Le principe de la résolution des notes de l'accord de septième de dominante dans ses renversements est absolument le même que dans son état direct.

NOTA.— 1° Lorsqu'on emploie l'accord de 7° de dominante, on supprime souvent la quinte. On le fait généralement pour l'harmonie à trois parties. On peut aussi supprimer la note fondamentale, ou même la tierce, mais jamais la septième.

Remarquons encore que, dans un accord dissonant, on ne peut doubler les notes qui ont un mouvement obligé [1], parce que la résolution identique amènerait inévitablement deux octaves.

____

[1] C'est-à-dire qui doivent monter ou descendre d'un demi ton.

2° Nous avons dit que l'accord de 7ᵉ de dominante à sa résolution naturelle sur l'accord parfait de la tonique. Il se résout souvent aussi sur d'autres accords, comme nous le verrons bientôt.

§ IV. — LEÇONS SUR L'ACCORD DE SEPTIÈME DE DOMINANTE.

Il est à souhaiter que l'élève transpose lui-même et travaille ces leçons dans tous les tons majeurs usités.

Chapitre II

DES ACCORDS DÉRIVÉS DE L'ACCORD DE SEPTIÈME DE DOMINANTE.

§ I.— ACCORD DE QUINTE DIMINUÉE.

En retranchant la note fondamentale de l'accord de septième de dominante, on obtient l'accord de *quinte diminuée* sur la sensible.— Il se résout, comme l'accord de
7ᵉ de dominante, sur l'accord de la tonique, et d'après les mêmes règles. Il se chiffre 5̶.

En Do maj.

Dans le mode mineur, l'accord de quinte diminuée s'emploie de deux manières:

1° Il se pose sur la note sensible comme dans le mode majeur; il se résout et
s'emploie de la même manière que dans ce dernier. *EX:*

En La min.

2° Il se pose encore sur la 2ᵉ note du même mode; et alors il se résout sur l'accord parfait de la dominante. *EX:*

En La min.

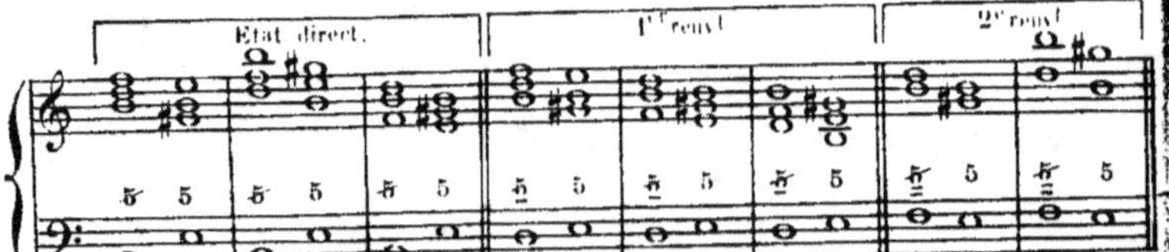

NOTA.— Plusieurs maîtres classent l'accord de quinte diminuée parmi les accords
dissonants comme nous venons de le faire. D'autres, prenant en considération les af-
finités de sa structure avec celle de l'accord parfait, et aussi son caractère incontes-
table de douceur, le rangent dans l'harmonie *consonnante.*

Il est d'un caractère tellement vague et indécis, que c'est à peine si l'on peut
dire qu'il ait besoin d'une résolution.

Les auteurs pour qui cet accord est *consonnant,* le regardent comme pouvant s'enchaîner à tous les accords parfaits par *quinte,* par *quarte* ou par *tierce* dans la marche
de la basse, et par intervalle de seconde avec l'accord de tonique comme dans le premier

exemple ci-dessus.

Plusieurs des auteurs qui le considèrent comme *dissonant* indiquent sa résolution comme il suit:

1° Dans la gamme majeure, où cet accord se place sur le 7ᵉ degré, il se résout sur l'accord parfait de la tonique, et on ne peut l'employer que dans les marches régulières. (On appelle marches régulières celles dont la base fondamentale procède par *tierce*, *quarte* ou *quinte inférieure*.) Ex: **A**.

2° Dans la gamme mineure, on le résout sur un accord parfait ou sur un accord de 7ᵉ de dominante dont la base fondamentale fait une quinte inférieure. Ex: **B**.

§ II. — ACCORD DE NEUVIÈME MAJEURE DE DOMINANTE.
(Il ne s'emploie que dans le mode majeur)

1° Cet accord est une extension de l'accord de 7ᵉ de dominante. Il se chiffre ♮9.

2° Son caractère est de produire un effet plus énergique que ne le ferait l'octave de la note fondamentale, qui se trouve remplacée par la 9ᵉ.

3° Comme l'accord de 7ᵉ de dominante, il n'a pas besoin d'être préparé.

4° Il se résout, comme ce dernier, sur l'accord parfait de la tonique. Dans la résolution, la 9ᵉ descend d'un degré.

5° Dans l'emploi de cet accord on supprime ordinairement la quinte, ce qui rend la 9ᵉ moins dure à l'oreille.

6° L'accord de neuvième peut se renverser; mais ses renversements sont peu employés. La 9ᵉ ne peut jamais être mise à la basse.

7° Il faut que la note principale ou fondamentale soit éloignée de 9 ou de 18 degrés de la 9ᵉ.

§ III. — ACCORD DE NEUVIÈME MINEURE DE DOMINANTE.

1° Dans le mode mineur, l'accord de 9° de dominante prend le nom de 9° mineure, parce qu'en effet sa neuvième est mineure. Il se chiffre ♭9.

2° Il s'emploie absolument de la même manière que le précédent dans le mode majeur. Pour avoir des exemples, il suffit d'exécuter ceux qui précèdent en do mineur en mettant 3 bémols à la clef, et en tenant compte de la sensible.

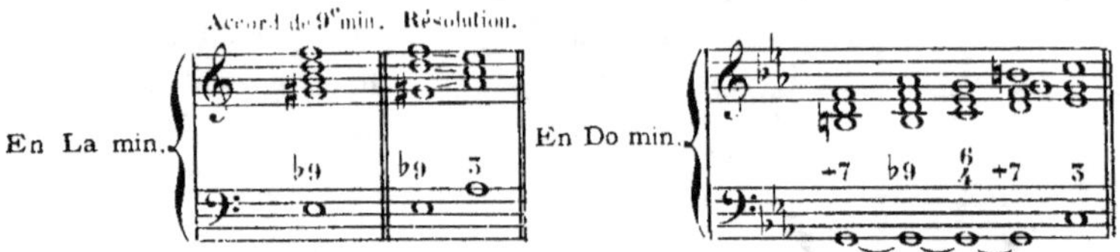

3° On l'emploie aussi quelquefois dans le mode majeur.

§ IV. — ACCORD DE SEPTIÈME DE SENSIBLE.

Le plus souvent les deux accords de neuvième, dont nous venons de parler, s'emploient sans leur note principale, et alors ils sont appelés par plusieurs auteurs accords de *septième de sensible*. La note la plus grave est en effet la sensible du ton, et le son le plus élevé est une septième.

Dans la pratique le nom de *septième de sensible* est réservé à celui du mode majeur. Celui du mode mineur, dont nous parlerons plus loin, porte le nom de *septième diminuée*.

1° L'accord de septième de sensible se compose d'une *tierce mineure*, d'une *quinte diminuée*, et d'une *septième mineure*. Il se chiffre : $\frac{7}{5}$ (C'est l'accord de quinte diminuée auquel on ajoute une septième.)

2° Cet accord se résout, comme celui de 9° d'où il découle, sur l'accord parfait de la tonique. La sensible monte d'un degré, la 7° et la quinte descendent d'un degré. Cet accord a 3 renversements.

3° Le 3° renversement se résout mieux sur l'accord de la 7° de dominante.

§ V.— ACCORD DE SEPTIÈME DIMINUÉE.

Comme nous l'avons dit, cet accord n'est autre chose que l'accord de 9° mineure de dominante, dont on a supprimé la note principale. Il se compose d'une *tierce mineure*, d'une *quinte diminuée* et d'une *septième diminuée*. Il se chiffre ⌐7.

1° Cet accord s'emploie dans le mode mineur comme le précédent dans le mode majeur, et se résout de la même manière. (Pour exemples, exécuter les précédents en do mineur).

2° L'accord de 7° diminuée peut aussi se résoudre sur la 7° de dominante.

3° Il s'emploie beaucoup plus fréquemment que l'accord de 7° de sensible, à cause de sa douceur particulière. On l'emploie dans le mode majeur à la place de l'accord de 7° de sensible. Il est même de beaucoup préférable. C'est un des accords qui offrent le plus de ressources. On devra l'étudier avec soin.

Chapitre III

DES ACCORDS DISSONANTS ARTIFICIELS.

Les accords que nous avons étudiés jusqu'ici ont en quelque sorte une existen_ce propre. Ils sont les produits naturels de la tonalité. Et par suite, ils n'ont pas besoin de préparation.

Il est d'autres accords dissonants, que l'on peut appeler *artificiels*, parce que leur dissonance provient ou d'une note d'un autre accord qui se joint à eux par prolongation, ou de l'altération d'une de leurs propres notes.

Ces accords factices ont besoin d'être préparés, c'est-à-dire qu'il faut faire enten_dre d'avance, dans l'accord qui précède, la note qui doit devenir dissonante.

Etudions en détail ces divers accords.

§ I. _ ACCORD DE SEPTIÈME DE SECONDE DU MODE MAJEUR.

1° Si, à l'accord parfait mineur, qui se place sur la seconde note d'un ton majeur, on ajoute *par prolongation* la 7ᵉ, on obtient un accord dissonant qui porte le nom de 7ᵉ *de seconde du mode majeur.* On le chiffre 7. Exemple de sa formation.

2° Cet accord se résout régulièrement sur l'accord parfait de sa quinte inférieure, c'est-à-dire de la dominante du ton, ou même sur l'accord de 7ᵉ de cette dominante. Dans cette résolution la septième doit descendre sur la sensible con_tenue dans l'accord suivant.

3° Il s'emploie dans tous ses renversements.

4°. Il faut qu'il soit **préparé**. Pour cela on fait entendre, dans l'accord qui précède, la note qui doit être la 7° (Quelques auteurs moins classiques demandent seulement que l'on fasse entendre préalablement l'une ou l'autre de ses notes.) Pour employer cet accord, il faut donc une série de trois accords au moins: un pour la préparation; un pour l'accord et un pour la résolution.

5°. **Exemple de son emploi.**

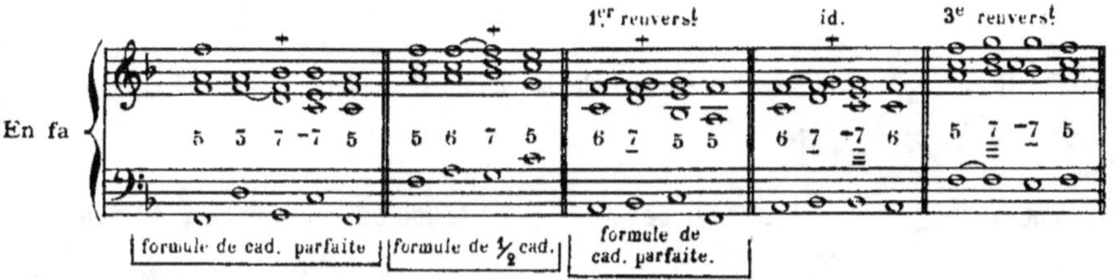

6°. **Autre résolution, par exception.**

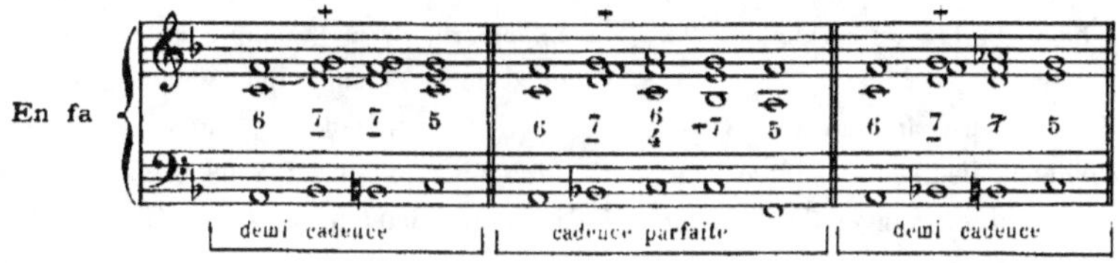

(On trouve aussi, mais plus rarement, cet accord sur la tierce et sur la sixte. Nous l'appellerions alors volontiers *septième de sixte* ou *septième de tierce*. La septième doit toujours être préparée, et elle se résout régulièrement en descendant d'un degré.)

§ II. — ACCORD DE SEPTIÈME DE SECONDE DU MODE MINEUR.

1°. Si à l'accord de quinte diminuée du second degré du mode mineur, on ajoute *par prolongation* une septième mineure, on obtient, comme dans le cas précédent, un accord dissonant de 7° *de seconde du mode mineur*. Nous le chiffrerons -7.

2° L'emploi de cet accord est absolument le même dans les tons mineurs, que celui de l'accord précédent dans les tons majeurs. Pour avoir les exemples, il suffit d'exécuter ceux de la page précédente en mineur, en ajoutant trois bémols à la clef et en tenant compte de la sensible altérée.

REMARQUE. — Cet accord ressemble en tout point à l'accord de 7e *de sensible* du mode majeur, dont nous avons parlé précédemment.

Il faut cependant se bien garder de les confondre. Voici un tableau qui fera saisir leurs différences essentielles:

ACCORD DE 7e DE SENSIBLE DU MODE MAJ.	ACCORD DE 7e DE SECONDE DU MODE MIN.
1° Il ne se prépare pas; il n'exige pas une série d'accords.	1° Il faut le préparer; il exige une série de 3 accords au moins.
2° Il se résout sur l'accord de la tonique. Sa note fondamentale qui est sous-entendue est *sol*.	2° Il se résout sur l'accord de la quinte inférieure: (Dans l'exemple ci dessus sur l'accord de mi.) Sa note fondamentale est *si*.
3° Le *la* peut, sans inconvénients pour la marche des accords, être remplacé par le *sol*, et changer l'accord en une 7me de dominante.	3° Le *la*, dans cet accord, ne peut être changé en *sol*, sans que l'enchaînement de l'harmonie s'en ressente.

§ III. — ACCORD DE SEPTIÈME MAJEURE.

Si à un accord parfait majeur, on ajoute *par prolongation* une septième, on obtient un accord dissonant connu sous le nom de 7me *majeure*. On le chiffre 7+.

1º Il s'emploie sur le 4ᵉ degré d'une gamme majeure, et sur le 6ᵉ degré d'une gamme mineure. (On le trouve aussi quelquefois sur le 1ᵉʳ degré d'une gamme majeure.)

2º Il se résout le plus souvent sur l'accord de septième de seconde du mode mineur; dans ce cas la note fondamentale fait une quinte diminuée avec celle de l'accord suivant.

Il a d'autres résolutions que l'usage apprendra.

Il s'emploie dans tous ses renversements.

3º Il faut en préparer la 7ᵉ en la faisant entendre dans l'accord précédent. Un emploi demande donc une série de 5 ou 6 accords.

§ IV. — ACCORD DE QUINTE ET QUARTE.

Si, dans un accord parfait majeur, on substitue, par *prolongation*, la quarte
à la tierce on obtient l'accord de *quinte et quarte*.

Comme on le voit, c'est le retard de la résolution de la 7ᵉ de dominante.

1º. Il se résout en achevant régulièrement la résolution commencée, c'est-à-
dire en faisant descendre la quarte à la tierce.

2º. Habituellement cet accord ne se renverse pas; mais il peut doubler la basse
à la partie supérieure.

3º. Il doit régulièrement être préparé. On le trouve cependant employé quelquefois sans préparation.

§ V. — ACCORD PARFAIT ALTÉRÉ OU ACCORD DE QUINTE AUGMENTÉE.

Nous avons dit que l'on obtient des accords dissonants par l'altération d'une des
notes naturelles d'un accord, c'est-à-dire en la haussant ou en la baissant d'un demi-ton.

1º. Si dans un accord parfait majeur ou altéré la quinte en la haussant d'un demi-ton, on
obtient l'accord de *quinte augmentée*, connu aussi sous le nom d'*accord parfait* altéré.

2º Comme on le voit par l'exemple précédent, on l'emploie sur la tonique et sur la dominante d'un ton bien déterminé. (Nous disons *bien déterminé*; car les gammes ont une grande influence sur les accords. Quelques-uns ne seraient pas praticables, si le ton n'était pas bien déterminé précédemment. Cela montre pourquoi un accord produit un bon effet dans un cas et une mauvaise impression dans l'autre.)

3º La résolution se fait ordinairement sur l'accord parfait majeur de sa quinte inférieure. — Elle peut se faire aussi par exception, pour moduler, sur le relatif mineur. (En règle générale, dans la résolution des accords altérés, la note qui a été altérée en haussant doit monter d'un $\frac{1}{2}$ ton, et celle qui a été altérée en baissant doit descendre d'un $\frac{1}{2}$ ton.

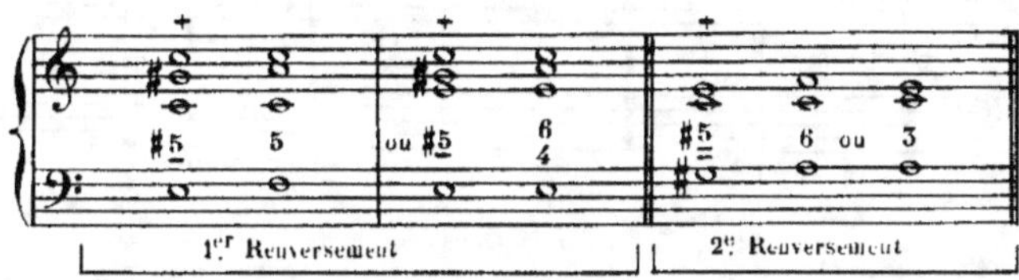

4º Cet accord peut être renversé.

5º On peut l'employer sans préparation; mais il est beaucoup plus doux lorsqu'il est précédé de l'accord parfait majeur sans altération. Exemples en sol majeur.

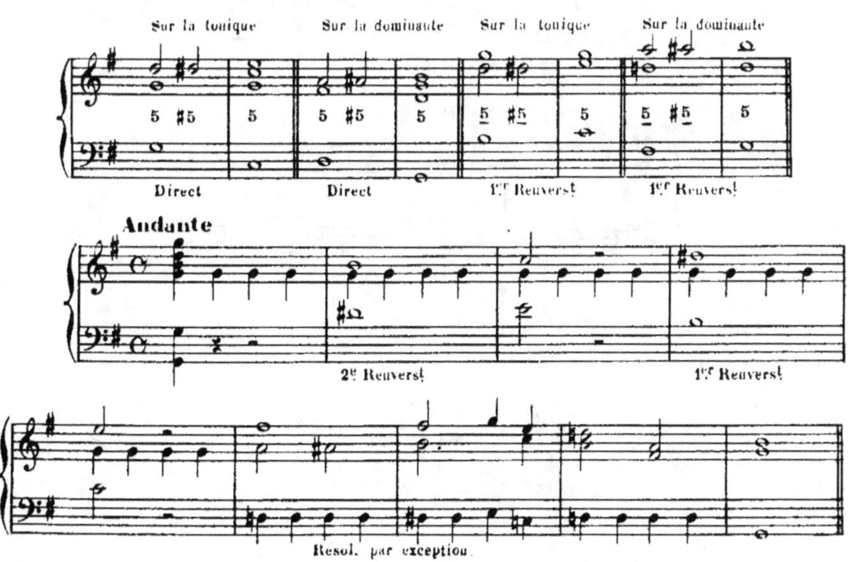

126

NOTA. La quinte peut aussi être altérée en montant, dans l'accord parfait mineur, et dans l'accord parfait de quinte diminuée. Ce sont des licences harmoniques dont l'étude nous entraînerait trop loin.

§ VI. — ACCORD DE SEPTIÈME DE DOMINANTE AVEC QUINTE ALTÉRÉE.

Si on altère, en la haussant d'un ½ ton, la quinte de l'accord de 7ᵉ de dominante, on obtient un nouvel accord dissonant dont l'emploi est le même que celui de l'accord parfait altéré que nous venons d'étudier.

Comme lui, il se place sur la tonique et sur la dominante, et il se résout de la même manière.

Ses renversements sont employés, excepté le second.

NOTA. — La quinte de l'accord de 7ᵉ de dominante peut aussi être altérée en descendant.

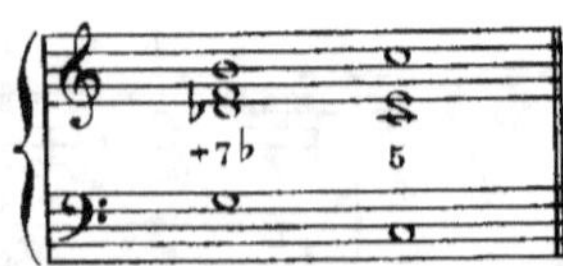

On pratique même des altérations ascendantes de l'octave, de la tierce, de la fondamentale. L'usage fera connaître les différentes agrégations que l'on emploie sous le nom d'accords altérés. Signalons seulement ici une double altération de de l'accord de 7ᵉ *de seconde,* d'un usage assez fréquent.

§ VII.— ACCORDS DE SIXTE AUGMENTÉE.

Il nous reste à étudier deux accords altérés, fréquemment usités et d'une réelle importance, connus sous le nom d'accords de *sixte augmentée.*

Il y en a deux: l'accord de *sixte augmentée avec quinte* et l'accord de *sixte augmentée avec quarte.*

1º SIXTE AUGMENTÉE AVEC QUINTE

Cet accord s'obtient par l'altération de la note fondamentale de l'accord de 7ᵉ *de seconde du mode majeur,* comme il suit:

Soit l'accord de 7ᵉ de seconde du mode majeur, à son état naturel, (ton d'ut: **A**). Prenons son premier renversement (**B**). Dans ce 1ᵉʳ renversement, la note de basse *fa,* et la fondamentale *ré,* sont à intervalle de sixte majeure. Si par un ♯ nous venons à élever cette fondamentale d'un ½ ton, nous avons l'accord de *sixte augmentée:* (**C**).

1º Cet accord se place sur le 6ᵉ degré d'une gamme mineure, et quelquefois d'une gamme majeure, de cette manière:

2º Il fait sa résolution sur l'accord parfait de la dominante, quelquefois sur celui de la tonique, 2ᵉ renversement. *EX.*

128

3. Cet accord n'a pas besoin de préparation.

4. On supprime souvent la quinte, et alors on double la tierce. *EX.*

2? SIXTE AUGMENTÉE AVEC QUARTE

Cet accord s'obtient par l'altération de la tierce dans l'accord de 7? *de seconde du mode mineur,* de cette manière: Soit l'accord de 7e de seconde du ton de la mineur, (**A**). Prenons son second renversement (**B**): Elevons d'un $\frac{1}{2}$ ton la sixte de ce renversement, qui est la tierce de l'accord dans son état direct; nous aurons l'accord de sixte augmentée avec quarte: (**C**)

Son emploi et sa résolution sont les mêmes que ceux de l'accord précédent. Seulement il ne se résout pas sur l'accord de la tonique. Cet accord est toujours d'un effet dur si l'on n'a pas soin d'en préparer la quarte. On s'en sert pour faire une demi cadence. Voici la manière de l'employer:

NOTA. — On emploie quelquefois le 1er renversement de ces 2 accords. Il se place sur la tonique de la gamme mineure et se résout sur le 1er renversement de la dominante. Les autres renversements ne sont pas employés.

Chapitre IV

RÉCAPITULATION GÉNÉRALE

---

§ I.— TABLEAU DES ACCORDS DISSONANTS
EMPLOYÉS EN MUSIQUE, AVEC LEURS PRINCIPALES RÉSOLUTIONS [1]

1.º ACCORD DE 7.ᵉ DE DOMINANTE, ET SES RENVERSEMENTS: (dans les 2 modes)

2.º ACCORDS DE QUINTE DIMINUÉE ET SES RENVERSEMENTS : (dans les 2 modes)

3.º ACCORDS DE 9.ᵉ DE DOMINANTE.

9.ᵉ MAJEURE
(Il ne s'emploie que dans le mode maj.)

9.ᵉ MINEURE
(Il s'emploie dans les 2 modes)

4.º ACCORDS DE 7.ᵉ DE SENSIBLE ET SES RENVERSEMENTS (mode majeur)

---

[1] Les dissonances sont marquées par les notes noires; et les fondamentales disparues par une note blanche barrée.

5° ACCORD DE 7ᵉ DIMINUÉE ET SES RENVERSEMENTS. (s'emploie dans les 2 modes)

6° ACCORD DE 7ᵉ DE SECONDE ET SES RENVERSEMENTS. (dans les 2 modes) { majeur: 7 / mineur: –7

7° ACCORD DE 7ᵉ MAJEURE ET SES RENVERSEMENTS. (dans les 2 modes)

8° ACCORD DE QUINTE ET QUARTE.

9° ACCORD PARFAIT ALTÉRÉ ET SES RENVERSEMENTS.

10? ACCORDS DE SIXTE AUGMENTÉE.

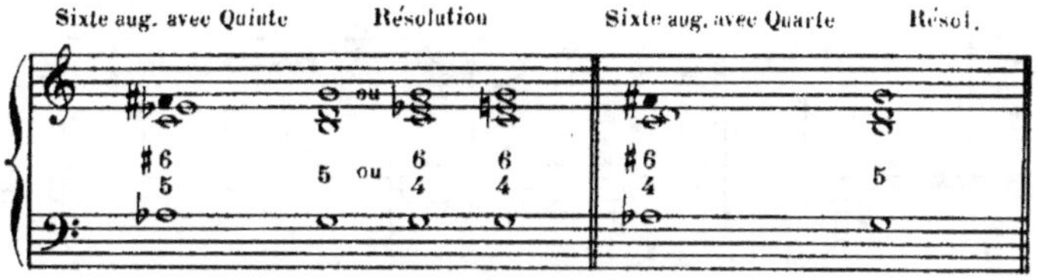

OBSERVATION.__ Comme on pourra s'en convaincre à l'inspection de ce tableau, la nature n'observe qu'un seul principe dans la résolution des accords dissonants; (Nous ne parlons pas ici des accords dissonants par altération, exemples 8?, 9?, 10?). Ce principe c'est que la basse fondamentale (exprimée ou sous entendue)de tout accord dissonant, doit faire avec la basse fondamentale de l'accord suivant *une quinte inférieure* (sol, ut.)

D'après cela il est facile de trouver la basse fondamentale d'un accord dissonant quelconque, dès qu'on connaît l'accord sur lequel il se résout naturellement, et *vice versa*. Si la basse fondamentale de l'accord dissonant est *sol*, celle de l'accord résolutif est *ut*, et réciproquement.

__Pour trouver la note fondamentale des accords renversés, il ne faut que placer les notes de ces accords, de manière à ce qu'elles fassent une progression de tierces. Quand elles sont ainsi disposées, la note la plus basse est toujours la fondamentale.

On objectera que les accords dissonants peuvent se résoudre d'une autre manière que celle indiquée ci-dessus. Sans doute; ce sont des exceptions que l'artiste se permet, mais que la nature ne fait pas. Car, dans les cas où l'on emploie l'exception, la vraie résolution n'existe pas, et il faut toujours poursuivre jusqu'à la résolution par quinte inférieure, selon la loi naturelle.

§II.__ RÈGLE DE L'OCTAVE

On appelle Règle de l'Octave, la gamme harmonique, c'est-à-dire une suite d'accords choisis et formant l'harmonie la plus convenable sur tous les degrés de l'échelle musicale, dans l'un et l'autre modes.

Cette règle n'est qu'un secours en cas de besoin, pour varier un accompagnement, et ses lois ne sont nullement obligatoires. On conçoit d'ailleurs qu'il y a une multitude de moyens d'accompagner ainsi la gamme musicale.

Voici la formule la plus usitée:

DANS LE MODE MAJEUR.

1ère Position

5 · +7 · 6 · 7 · 5 · 6 4 · +7 · 5 · 6 · +7 · 5 · +7 · 6 · +7 · 5

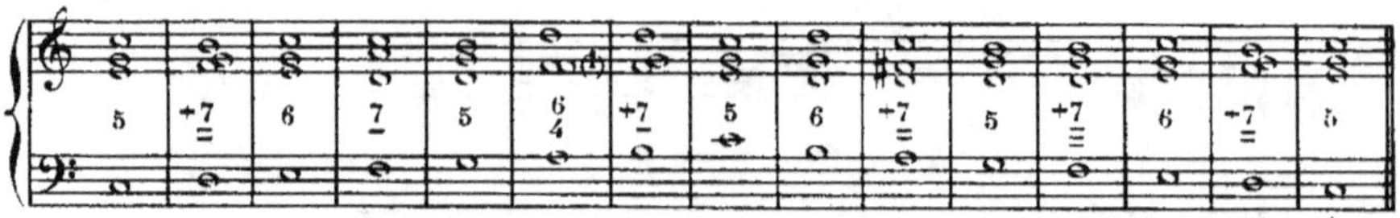

2e Position

3e Position

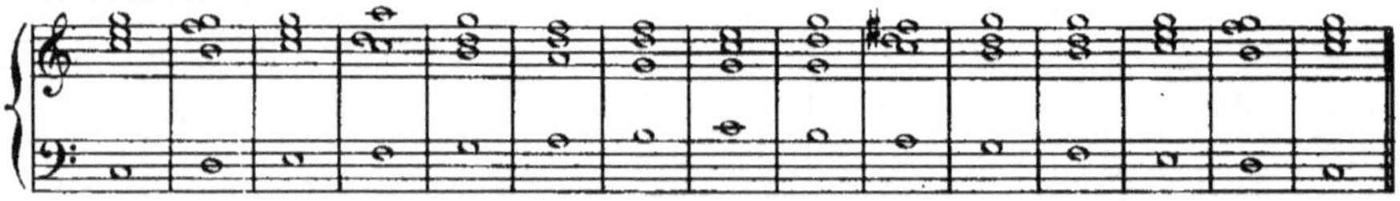

DANS LE MODE MINEUR.

1ère Position

(2)

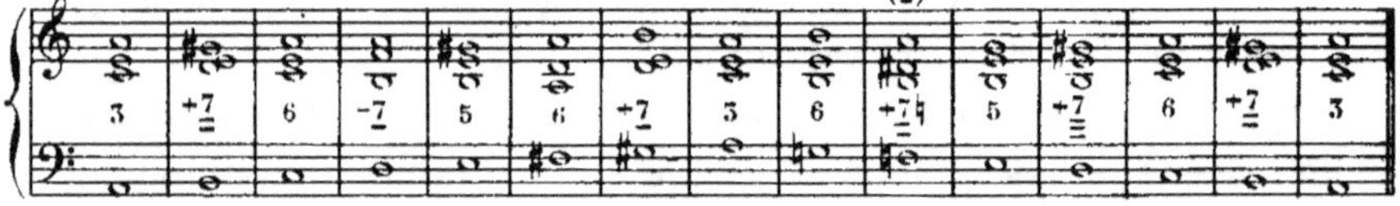

3 · +7 · 6 · 7 · 5 · 6 · +7 · 3 · 6 · +7 · 5 · +7 · 6 · +7 · 3

2e Position

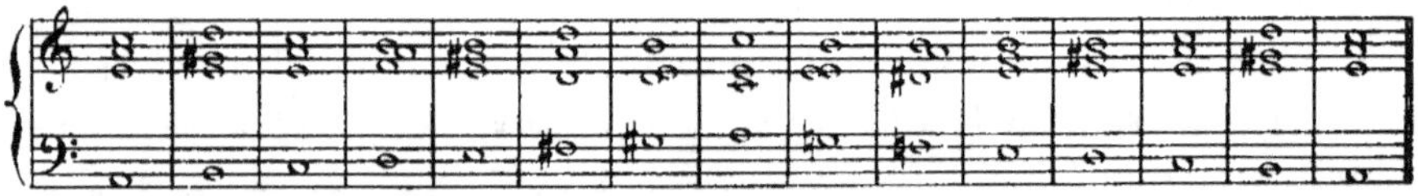

3e Position

On devra analyser ces gammes harmoniques, et les étudier soigneusement dans tous les tons, en suivant les recommandations que nous avons déjà données dans la première partie pour les gammes en accords parfaits.

---

(1) Nous répétons deux fois la même note, pour indiquer la marche des 4 parties

(2) Accord de 7e de dom. (du ton de mi mineur) avec quinte altérée en descendant

Chapitre V

DIVERSES MODIFICATIONS DES ACCORDS

Nous venons d'étudier tous les accords employés en musique. Mais ces accords peuvent encore se trouver modifiés par certaines notes qui leur sont étrangères et qui y sont introduites momentanément. Ces notes accidentelles, appartenant soit à la mélodie, soit à l'harmonie, sont de six espèces:

1º La note de passage.
2º L'appogiature et la broderie.
3º La syncope.
4º L'anticipation et l'échappée.
5º La suspension.
6º La pédale.

§ I.— NOTES DE PASSAGE.

On appelle de ce nom une ou plusieurs notes destinées à remplir l'intervalle existant entre deux notes réelles qui procèdent par degrés disjoints. Leur rôle est de faciliter la transition.

Ces notes peuvent procéder diatoniquement ou chromatiquement, mais toujours par degrés conjoints.

Elles doivent se placer sur les temps faibles ou sur la partie faible des temps.

Il en résulte qu'en général on ne doit pas frapper les notes de passage en même temps que l'accord. Cependant le genre libre et la musique de piano admettent des exceptions à cette règle. (Les notes de passage dans les exemples qui suivent sont marquées d'une +.)

On ne peut s'arrêter sur une note de passage; il faut toujours l'appuyer, la résoudre sur une note réelle.

Les notes de passage peuvent être coupées par de courtes pauses; mais il faut en ce cas que le mouvement soit un peu vif.

Habituellement il faut que le mouvement aille vite, ou que les notes n'aient pas une très grande valeur. Quelquefois cependant la mélodie peut faire des notes de passage dans tous les mouvements.

On peut mettre les traits suivants au nombre des notes de passage.

NOTES DE PASSAGE EN GAMMES CHROMATIQUES.

§ II.— APPOGIATURES ET BRODERIES.

1°. *L'appogiature* est un ornement mélodique formé d'une ou deux notes précédant une note réelle, dont elle prend momentanément la place dans l'harmonie. Son nom vient du latin *appogiare*, appuyer.

L'appogiature est ce qu'on appelait autrefois, *port de voix, petite note, note pertée, note de goût, note d'agrément.*

Elle s'écrit de deux manières, avec des petites notes ou des notes ordinaires. (Aujourd'hui on n'emploie plus guère que ce dernier moyen.) Dans le premier cas, on leur donne une valeur plus ou moins grande, selon la nature du morceau. Dans le second on les exécute avec la valeur prescrite par le compositeur.

Les appogiatures peuvent affecter deux parties à la fois.

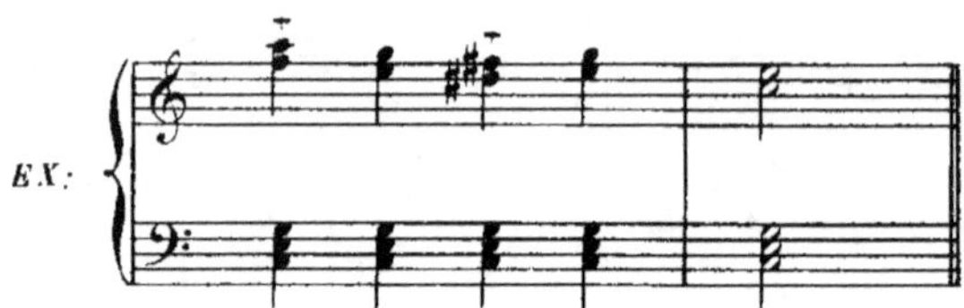

L'appogiature peut-être placée à un degré au-dessus ou au-dessous de la note réelle. Employée au-dessus, elle peut descendre d'un ton ou d'un demi-ton; mais employée au-dessous, elle ne peut monter que d'un demi-ton, et, dans ce cas elle produit presque toujours l'effet d'une note sensible accidentelle. A l'inverse des notes de passage, elle frappe toujours sur le temps fort ou sur la partie forte du temps.

On n'emploie guère l'appogiature à la basse que lorsqu'elle constitue le chant.

On peut successivement employer les appogiatures et les notes de passage.

2° La *broderie* que l'on confond quelquefois avec l'appogiature avec laquelle elle a une certaine ressemblance, en diffère cependant assez notablement.

Cet ornement mélodique consiste en une note étrangère à l'harmonie, qui *succède* à la note principale, la *remplace* momentanément, et *retourne* à cette même note. Employée au dessous de la note réelle, elle peut monter d'un ton. Elle affecte plutôt les temps faibles que les temps forts. Comme l'appogiature, elle peut se produire à deux parties en même temps.

§ III.— SYNCOPES.

Les syncopes sont des notes qui, commençant sur la partie faible d'un temps, se prolongent sur la partie forte du temps suivant.

Les deux moitiés de la note syncopée peuvent entrer dans l'harmonie comme *notes réelles*, et alors elles ne modifient pas les accords.

EX: 

Mais il arrive souvent que la première moitié appartenant à un accord, l'autre moitié se prolonge sur l'accord suivant dont elle ne fait point partie, et alors, elle n'occupe plus que la place d'une note accidentelle. Ces syncopes peuvent être en même temps ou des notes de passage ou des petites notes (appogiatures.)

Pour s'assurer si les syncopes sont convenablement placées, il faut faire commencer chaque note syncopée la moitié de sa valeur plus tôt, et la frapper sur l'accord même auquel elle appartient. Si l'harmonie n'est pas correcte, elles sont mauvaises.

§ IV._ ANTICIPATIONS ET ÉCHAPPÉES.

1°. L'*anticipation* est une vraie note qui, dans la succession de deux accords, avant d'être entendue avec le second, dont elle constitue une *note réelle*, figure dans le premier, auquel elle est étrangère, et où elle n'occupe que la place d'une *note accidentelle*.

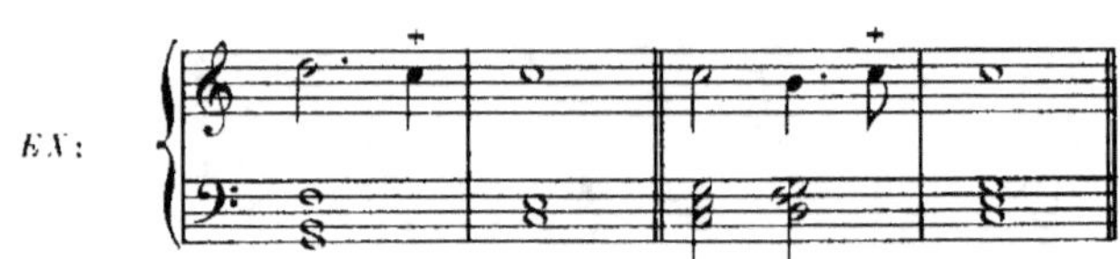

On peut même anticiper de plusieurs notes à la fois ou de tout un accord.

Il est permis d'employer l'anticipation à la basse, mais seulement lorsque le chant s'y trouve placé.

L'anticipation doit être brève; elle s'établit toujours sur les temps faibles ou sur la partie faible des temps.

2°. L'*échappée* est une sorte d'anticipation indirecte. C'est une note mélodique d'anticipation différente de celle qui lui succède dans la même partie.

§ V._ SUSPENSIONS OU PROLONGATIONS.

Quand dans l'enchaînement des accords, au lieu de résoudre une note sur celle qui la suit naturellement, on la continue de façon à retarder un instant cette dernière, il en résulte ce que l'on appelle une *prolongation*, un *retard* ou une *suspension*. (Prolongation de la 1ʳᵉ, suspension ou retard de la 2ᵐᵉ)

De toutes les espèces de notes accidentelles, les suspensions sont les plus remarquables, les plus intéressantes, les plus estimées. Comme elles amènent sur le second accord une dissonance momentanée, elles deviennent en réalité une source de véritables accords artificiels, classés en dehors de la nomenclature générale.

Une suspension quelconque exige, sans aucune exception, les conditions suivantes:

1°. La suspension doit être préparée. Cette préparation se fait avec une note réelle du premier accord, d'une durée au moins égale à la suspension.

2º Elle doit tomber sur les temps forts de la mesure.

3º Elle doit se résoudre toujours diatoniquement, ordinairement en descendant, rarement en montant.

Les notes que l'on suspend le plus fréquemment sont:

1º Dans les accords parfaits, majeur et mineur, ainsi que dans l'accord de quinte diminuée, la fondamentale, la tierce et l'octave.

2º Dans les accords de septième, la tierce.

3º Dans les accords de sixte augmentée, la sixte augmentée.

§ VI.— PÉDALES

On nomme *pédale*, une note prolongée ou répétée pendant une suite d'accords qui peuvent être étrangers à cette note. Elle devient alors, suivant les circonstances, note *réelle* ou *accidentelle*.

Cependant l'accord qui commence et celui qui finit sur la pédale doivent toujours former avec elle une harmonie régulière.

Le nom de *pédale* a été donné à cette *tenue*, parce qu'à l'origine, on ne l'employait qu'à l'orgue, comme aujourd'hui encore, sur un clavier dont les touches sont mises en mouvement par le pied de l'organiste, et qu'on appelle *pédalier*.

La pédale est placée généralement sous l'harmonie,[1] et elle se fait presque toujours sur la *tonique* ou sur la *dominante* des gammes majeure ou mineure.

EXEMPLES

Remarquez que la pédale de tonique appartient le plus souvent aux accords qu'elle supporte, tandis que la pédale de dominante accepte beaucoup plus facilement des accords qui lui sont étrangers. Il en résulte deux conséquences: la première, c'est que la pédale de tonique peut fréquemment être considérée comme la base des accords sous lesquels elle se trouve placée; tandis qu'avec la pédale de dominante, la basse est presque toujours la partie qui vient immédiatement au-dessus de cette pédale. La seconde conséquence est que la pédale de dominante, acceptant plus facilement les accords étrangers, offre beaucoup plus de variété et de richesse pour l'harmonie que la pédale de tonique.

La pédale bien employée peut produire un très bel effet, notamment sur l'orgue et dans le grand style de la musique religieuse.[2]

---

[1] On rencontre parfois des effets de *pédale* à la partie haute ou dans une partie intermédiaire.

[2] Quilichini. (Leçons d'Harmonie)

Chapitre VI.

OBSERVATIONS SUR LA SUCCESSION DES ACCORDS
ET
SUR LES DÉFAUTS QUE L'ON Y DOIT ÉVITER.

Tout ce que nous avons dit, dans la première Partie, sur l'enchaînement des accords, et les défauts que l'on y doit éviter: (fausses relations, suites de quintes et d'octaves directes) s'applique à l'harmonie dissonante. Nous ne répéterons pas ici ces règles. Ajoutons-y seulement quelques remarques pratiques.

§ I.— SUR LES QUINTES ET OCTAVES DÉFENDUES

Il est des cas où l'on peut faire deux quintes ou deux octaves de suite et par mouvement direct. En voici des exemples. [1]

1°. Après une cadence parfaite, c'est-à-dire entre le dernier accord d'une période et le premier de la période suivante:

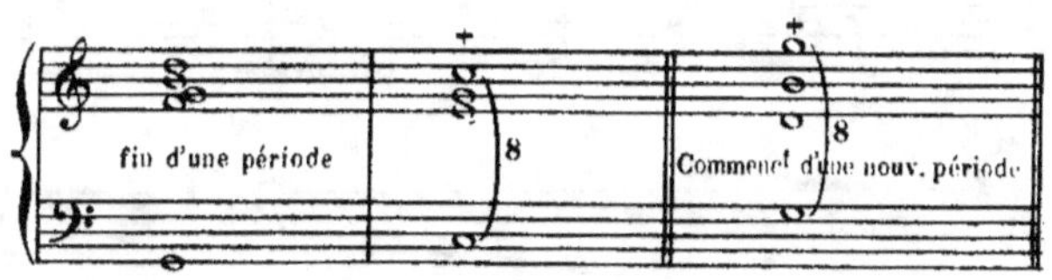

2°. En répétant le même accord dans une autre position:

3°. En répétant la même phrase soit dans une autre octave, soit dans une autre distribution de parties, ou dans un autre ton. Exemples: **A, B, C.**

---

[1] Tous les exemples de ce paragraphe sont empruntés aux *Leçons de composition musicale* de Reicha

4° En employant les accords brisés, pourvu que l'harmonie soit correcte si ces mêmes accords étaient plaqués.

Mais, si en plaquant les accords, on avait des octaves ou des quintes, ce serait une faute.

En plaquant les accords, on aurait:

Une appogiature ne sauve pas, comme on le voit, deux octaves ou deux quintes formées par les notes réelles de l'harmonie.

Une pause ne les évite pas non plus. *EX:*

Le second accord restant le même jusqu'à sa résolution fait le même effet que s'il était soutenu.

5°. La succession d'une quinte juste à une quinte diminuée n'est pas défendue; mais il n'est pas permis d'aller d'une quinte diminuée à une quinte juste.

6°. **Quintes et octaves cachées.** — Quand les deux parties extrêmes d'un accord vont, par mouvement direct, sur une quinte ou sur une octave, il y a succession forcée de deux quintes ou de deux octaves, alors même que la première quinte ou la première octave n'est pas notée. Elle est sous-entendue dans l'accord que l'oreille complète d'elle-même, et on l'appelle *quinte* ou *octave cachée.*

Ces successions sont en général défendues, et c'est surtout pour cela qu'il faut se défier du mouvement direct ou semblable. Il est des cas où ces quintes et octaves cachées sont permises; mais le cadre restreint d'un traité élémentaire ne nous permet pas d'étudier ces exceptions.

§ II.— SUR LA POSITION DES ACCORDS

Comme on ne peut pas toujours garder la même position dans la suite des accords, il est nécessaire de connaître où et comment on peut la changer.

1°. Après une cadence parfaite.

2°. Après une demi-cadence, mais moins souvent.

3°. Dans le courant d'une phrase, lorsqu'on répète deux fois de suite le même accord, on peut changer la position du 2°.

4°. En répétant une même phrase.

Inutile de donner ici des exemples: la chose se comprend d'elle-même.

§ III. — SUR LES CADENCES HARMONIQUES.

Nous avons déjà parlé des cadences dans la première Partie. Ce sont des repos d'une durée plus ou moins longue qui entrecoupent ou terminent les phrases, les périodes musicales. On peut les comparer aux signes de ponctuation dans un discours. Le bon emploi des cadences est donc très important. C'est lui surtout qui révèle le vrai musicien. Aussi tenons-nous à compléter ce que nous avons dit précédemment à ce sujet.

On distingue en harmonie six sortes de cadences: la *cadence parfaite*, la *cadence inverse*, la *cadence imparfaite*, la *demi-cadence*, la *cadence plagale* et la *cadence rompue*.

1.° La *cadence parfaite* se produit, l'orsqu'à l'accord de dominante non renversé succède la *résolution* sur l'accord de *tonique* également non renversé. Cette cadence donne le sentiment d'un repos parfait.

L'accord de 7.° de dominante ayant une tendance appellative plus prononcée encore que l'accord parfait de la dominante, rend cette cadence plus complète.

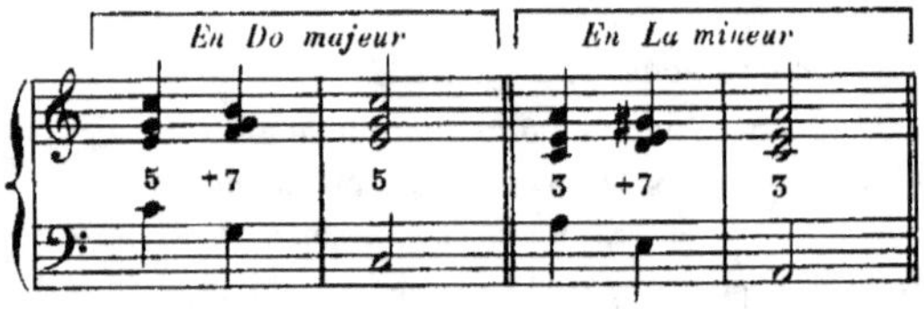

2.° La cadence *inverse* a lieu quand l'accord direct de la tonique succède au 1.er renversement de l'accord de dominante. Le sentiment de repos est alors un peu affaibli

3.° La cadence *imparfaite ou intermédiaire* est la succession de l'accord direct de dominante et du premier renversement de l'accord de la tonique. Dans cette cadence le repos est encore un peu moins accusé que dans la précédente.

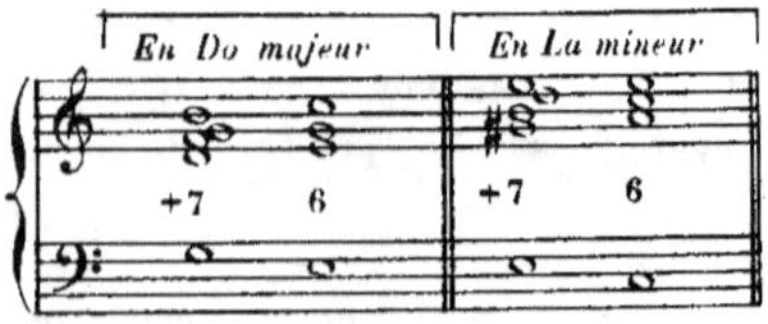

4°_ La *demi cadence* se produit quand un arrêt momentané a lieu sur l'accord par-fait de la dominante, qui alors est toujours majeur, sans renversement. Cette cadence n'est qu'un repos à la fin d'une période, et non pas une terminaison.

EX.

5°_ La *cadence plagale* est la résolution de l'accord de la *sous-dominante* sur l'accord de *tonique*._ C'est du plain-chant que nous vient la cadence plagale; pourtant elle ne contrarie pas les exigences de la tonalité moderne. Elle ne donne pas aussi complètement que la cadence parfaite l'idée du repos; mais précisément ce caractère peu défini permet d'y trouver de beaux effets pour la musique religieuse.

EX.

6°_ Lorsque le sens d'une phrase fait pressentir une cadence parfaite, et que l'on donne à l'accord appellatif une résolution irrégulière, il y a *cadence rompue ou évitée*. Ces sortes de cadences fort usitées sont d'un excellent effet, lorsqu'on les amène à propos.

EX.

Ces résolutions interrompent la phrase musicale dans le moment où on la croit sur le point de terminer.

L'exemple suivant offre une suite de *cadences rompues* où l'accord de 7e de do-minante, au lieu de faire sa résolution sur l'accord parfait, se résout de différentes manières, ou plutôt se transforme souvent en un autre accord de 7e d'un ton diffé-rent. Nous les marquons d'une +.

EX.

EXEMPLE DE L'EMPLOI DES DIVERSES CADENCES

Nous avons analysé ce morceau en le chiffrant, afin d'indiquer a l'élève comment la chose se pratique, et de bien lui faire saisir l'enchaînement des accords.

Chapitre VII

DES MODULATIONS

Nous l'avons dit, moduler c'est changer de mode ou de tonalité dans le courant, d'un morceau de musique._ Un morceau régulier est toujours composé dans un ton, déterminé et fixe. On l'expose et on le termine dans ce ton, qu'il faut avoir soin de rappeler dans le courant du morceau.

Mais la plus belle mélodie, comme la plus riche harmonie, finirait par sembler trop uniforme et fatiguer l'oreille, si elle était toujours dans le même ton. Aussi, pour soutenir l'attention, le compositeur a-t-il soin de quitter de temps en temps le ton principal de son œuvre, pour entrer momentanément dans d'autres tons plus ou moins éloignés. C'est ce qu'on appelle *moduler*.

Ce procédé est un des plus puissants moyens d'effets que le musicien ait à sa disposition, et un de ceux qui en même temps exigent le plus de mesure et de goût. Au point de vue spécial de l'harmonie, la modulation est une source féconde de richesses et de beautés. Il importe donc d'en bien connaître les règles.

On peut distinguer deux genres de modulations ; celles qui se font dans les tons voisins du principal, et celles qui se font dans les tons éloignés.

§ I._ MODULATIONS DANS LES TONS VOISINS

Nous avons vu, dans la première partie, que chaque ton majeur ou mineur est pour ainsi dire entouré de 5 autres tons, qui ont un très grand rapport avec lui. Ce sont, d'abord le relatif qui a le même nombre d'accidents à la clef, puis 4 autres tons majeurs ou mineurs, qui ne diffèrent de ce ton principal, que par un accident de plus ou de moins à la clef.

EXEMPLES.

_ Ut majeur, ton principal	_ La mineur, ton principal
1. Ré mineur, 2ᵉ degré	1. Ut mineur _ relatif
2. Mi mineur, 3ᵉ degré	2. Ré mineur
3. Fa majeur, 4ᵉ degré	3. Mi mineur
4. Sol majeur, 5ᵉ degré	4. Fa majeur
5. La mineur, 6ᵉ degré, relatif	5. Sol majeur

Voisins

Tons voisins

Il y a trois moyens ou trois procédés employés pour moduler aux tons voisins.

1° On peut passer sans aucun intermédiaire dans le ton relatif du principal, et dans ceux de la dominante et de la sous-dominante. Ainsi on ira immédiatement d'Ut majeur en La mineur _ d'Ut majeur en Sol majeur, ou en Fa majeur, par l'accord parfait de chacun de ces tons.

Rigoureusement l'accord parfait du nouveau ton ne déterminera pas par lui seul une tonalité nouvelle, puisqu'il appartient également à la première gamme; mais il pourra *confirmer* la modulation et lui donner son caractère en restant dans le ton nouveau. Il faut donc y rester quelque temps; sans cela on ne ferait que changer d'accord et non de gamme. Ainsi il est clair que, dans l'exemple suivant, on reste dans le ton d'*Ut* parceque tous les accords appartiennent à la même gamme :

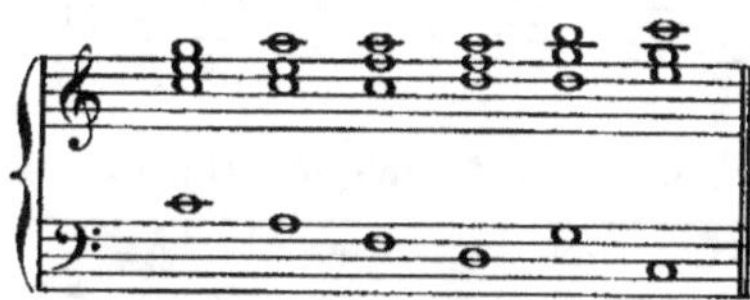

2ᵉ Procédé _ Pour passer d'un ton dans un ton voisin, il suffit de réunir le 1ᵉʳ au 2ᵉ par l'*accord parfait de la dominante de ce 2ᵉ ton.*

Ainsi l'on peut, par les deux moyens qui précèdent, moduler dans tous les tons voisins rien qu'avec les seules ressources de l'harmonie consonnante.

3ᵉ Procédé — Il consiste à réunir le ton que l'on veut quitter à celui vers lequel on se porte par *l'accord de 7ᵉ de dominante de ce dernier ton.*

Ce troisième procédé est celui que l'on emploie presque toujours, parce que la dissonance qui réclame la résolution, conduit bien plus énergiquement dans le ton que l'on cherche.

EXEMPLES:

1°— MODULATIONS AUX 5 TONS VOISINS D'UT MAJEUR

2°— MODULATIONS AUX 5 TONS VOISINS DE LA MINEUR

3°— AUTRES EXEMPLES, AVEC RETOUR AU TON PRINCIPAL

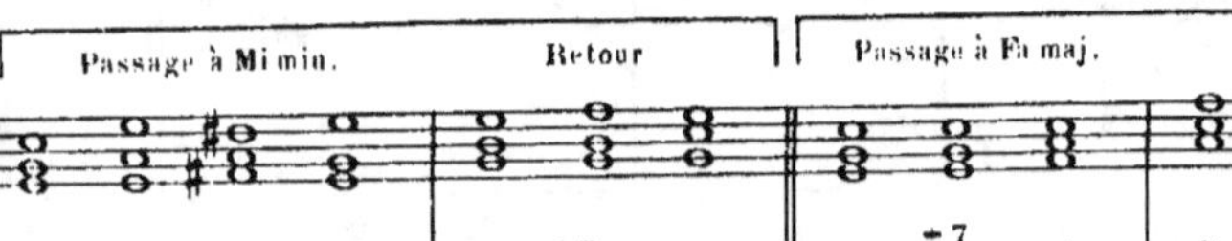

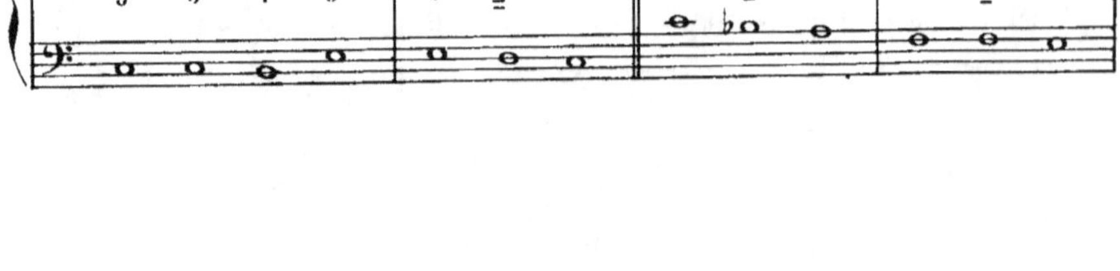

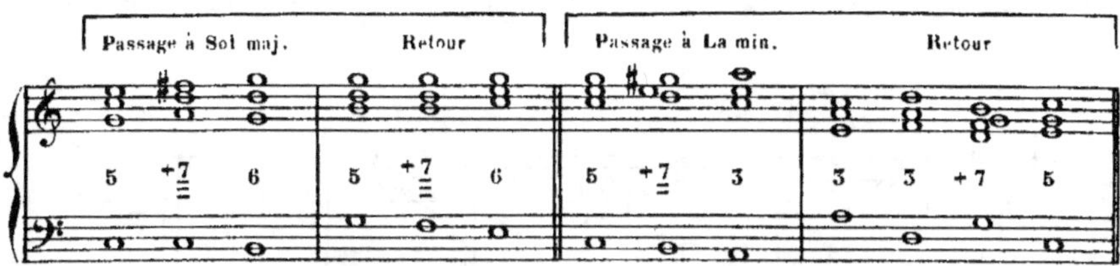

Ut mineur
ton primitif

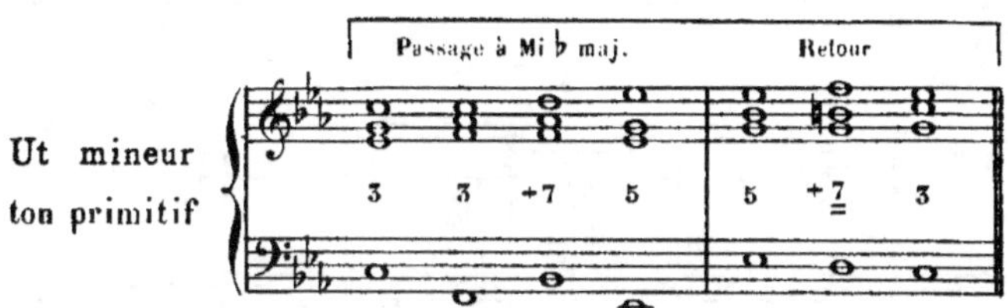

Ut mineur
ton primitif
(suite)

§ II._ MODULATIONS DANS LES TONS ÉLOIGNÉS

On peut employer deux moyens pour moduler dans les tons éloignés. Ou bien on arrive au ton éloigné par une suite d'accords intermédiaires, comme dans les exemples ci-dessus, ou bien on y passe par une transition subite.

1° **Transition par une suite d'accords.**_ C'est le moyen le plus naturel.

1. Il consiste à passer de tons voisins en tons voisins jusqu'à ce qu'on arrive à l'accord désiré.

Dans une modulation qui exige plusieurs accords intermédiaires, ceux qui précèdent la 7ᵉ de dominante doivent être choisis de manière à adoucir, préparer et amener franchement cette 7ᵉ._ Il est important de donner à l'oreille suffisamment le temps de bien saisir ces accords intermédiaires. On ne risque jamais rien en en prologeant la durée.

2. ***Manière*** de passer dans tous les tons majeurs, au moyen de l'accord de 7e de dominante.

Nous nous sommes servi, à l'exemple **(A)**, de l'enharmonie, afin de faciliter la lecture pour retourner en *Ut*. On verra que les accords en **(B)** sont les mêmes quant à leur son que les accords en **(A)**

3. Il est plus facile de moduler dans les tons qui augmentent en bémols ou diminuent en dièses, que dans ceux qui augmentent en dièses ou diminuent en bémols. Par exemple, il est difficile d'aller sans dureté d'*Ut* majeur en *La* majeur. Le meilleur moyen à suivre sera de moduler comme en *La* mineur, puis de donner l'accord de *La* majeur, en restant suffisamment sur les accords intermédiaires.

4. Voici une autre suite de modulations passagères, où chaque ton est voisin de son antécédent.

2° Transition subite. _ 1. Il est permis de changer de mode sans changer de ton; ainsi on pourra passer immédiatement *d'ut majeur* en *ut mineur;* de *la majeur* en *la mineur.*

2. On pourra aussi aller *d'ut majeur* en *fa mineur,* parce que l'accord *d'ut* majeur peut être considéré comme dom. de *fa.*

3. Les 2 règles précédentes permettront, on le comprend, de passer, par une transition presque subite, aux tons voisins de la seconde gamme, tons fort éloignés de la première.

4. Enfin on peut employer les transitions *enharmoniques*[1] Ce sont celles que l'on obtient à l'aide d'accords qui, en portant des noms différents et en appartenant à des tons bien éloignés, sont absolument identiques pour l'oreille.

Il y a trois accords principaux de ce genre, et que pour cette raison on appelle enharmoniques. Ce sont: *l'accord de 7ème de dominante, l'accord de sixte augmentée avec quinte, et l'accord de 7ème diminuée.*

1°) L'accord de *7ème de dominante* peut, à l'aide de la transformation enharmonique, devenir un accord de *sixte augmentée.*

Dans cet exemple, l'accord de 7e de dominante d'ut majeur devient par enharmonie l'accord de sixte augmentée de *si* majeur ou mineur.

2°) L'accord de *sixte augmentée* peut réciproquement devenir par enharmonie, un accord de *7ème de dominante,* comme le prouve l'exemple précédent.

3°) Avec l'accord de *7ème* diminuée, on obtient, par enharmonie, 3 autres accords de 7ème dimin., toutefois dans un de leurs renversements. Ainsi l'accord de 7ème diminuée de *la* mineur devient successivement:

a) le 1er renversement de l'accord de 7e dimin. de *fa* ♯ min.

b) le 3e renversement de l'accord de 7e dimin. d'*ut* min.

c) le 2e renversement de l'accord de 7e dimin. de *mi* ♭ min.

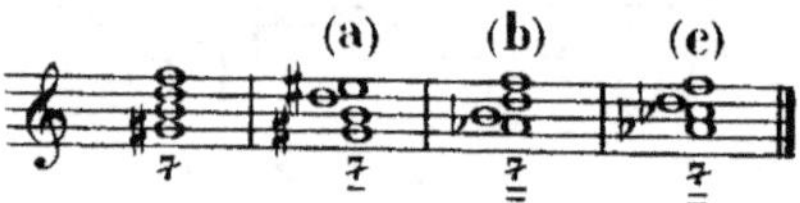

On voit avec quelle facilité les transitions enharmoniques conduisent, dans tous les tons fort éloignés du ton principal. Ainsi les exemples qui précèdent nous donnent les modulations suivantes.

D'Ut maj. en Si min.		De Si min. en Ut maj.		De La min. en Fa♯ min.		De La min. en Ut min.		De La min. en Mi♭ min.	

5. Voici encore quelques autres moyens employés: — Un silence, un point d'orgue peuvent tenir lieu de transition pour aller d'un ton à un autre.

L'unisson placée entre deux tons très différents a aussi la propriété de les lier sans intermédiaire, surtout si on y fait un point d'orgue. Cette unisson est ordinairement la dominante du ton suivant, quelquefois la tonique. — Un trait en unisson est encore préférable.

Enfin on change quelquefois de ton d'une manière extraordinaire et sans transition aucune, pour produire un grand contraste; par exemple: 1° de *Ré majeur* tonique en *Mi♭ majeur*. 2° de *Ré majeur* tonique en *Si♭ majeur*. Cela ne peut avoir lieu qu'une seule fois dans une composition d'une certaine longueur.

En général il ne faut pas prodiguer les modulations brusques et éloignées.

Chapitre VIII

DES MARCHES D'HARMONIE

On appelle marche d'harmonie, la reproduction symétrique, à un intervalle supérieur ou inférieur, d'une formule harmonique donnée.

Ces progressions régulières et uniformes, offrant un dessin particulier que l'on suit pendant quelque temps, sont d'un très bel effet et ont une importance pratique réelle dans la composition. Voilà pourquoi nous croyons devoir en donner ici quelques exemples.

Il y a deux sortes de marches d'harmonie: les *marches d'accords parfaits* et les *marches de septièmes*. — De plus les marches d'accords parfaits sont *unitoniques* ou *modulantes: unitoniques,* quand on n'y change pas de ton; *modulantes* lorsqu'elles traversent plusieurs tonalités. — Les marches de septièmes sont d'un emploi plus fréquent que les marches d'accords parfaits. — Notons encore que, dans les marches d'harmonie, on tolère les successions de quintes et d'octaves ainsi que les fausses relations.

La formule qui doit être reproduite s'appelle *modèle*; les reproductions successives du modèle se nomment *progressions*.

MARCHES D'ACCORDS PARFAITS UNITONIQUES

Renversement de la Marche précédente

DEUX MARCHES MODULANTES SUCCESSIVES D'ACCORDS PARFAITS

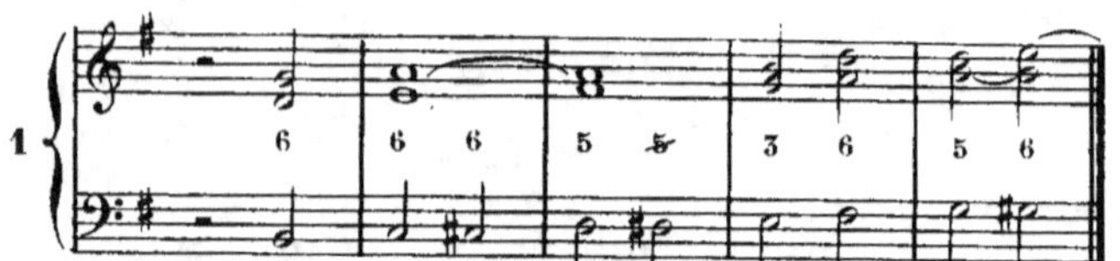

ACCORDS PARFAITS

ACCORDS DE 7ᵉ AVEC ACCORDS PARFAITS

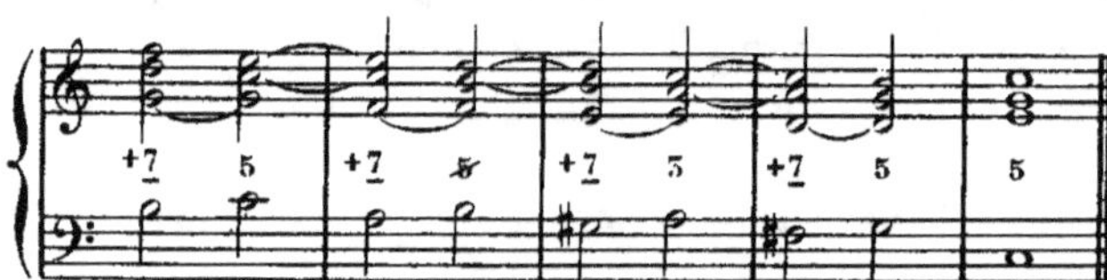

MARCHES DE SEPTIÈMES (à 5 parties)

MÊME EXEMPLE À 4 PARTIES
(On l'aura à 3 parties, en retranchant la 3e)

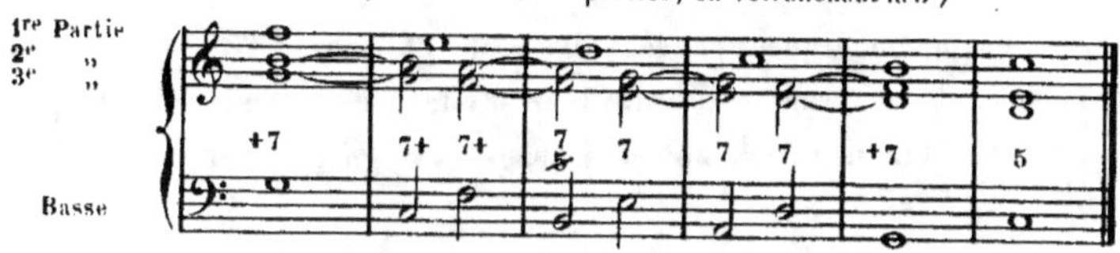

MÊME MARCHE DANS SES RENVERSEMENTS

MARCHES HARMONIQUES AVEC SUSPENSIONS

Les marches harmoniques peuvent avoir des formes différentes du contre-point rigoureux, et très variées; mais leur étude nous entraînerait trop loin. Bornons-nous à citer deux exemples. L'usage enseignera le reste.

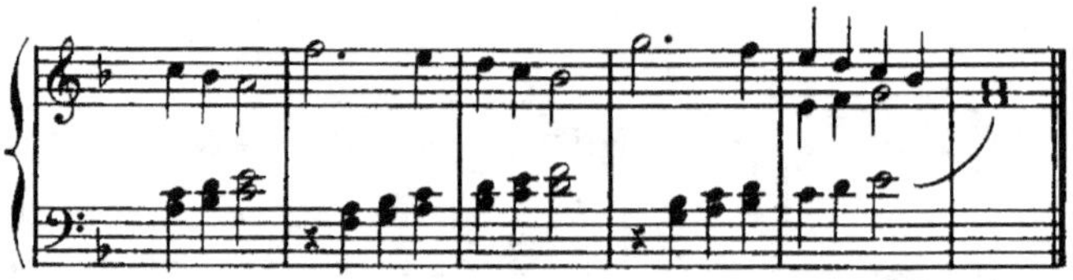

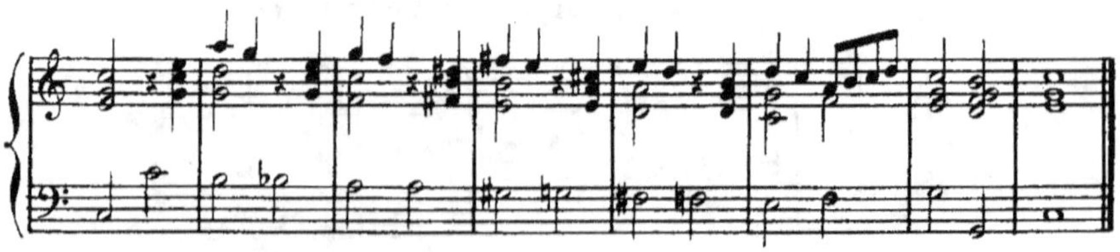

Chapitre IX

DU CONTREPOINT FLEURI,
DE L'IMITATION ET DE LA FUGUE.

Il nous reste à donner à l'organiste quelques notions très sommaires sur ces trois formes d'harmonie journellement employées, afin qu'il puisse comprendre et analyser les morceaux d'orgue des maîtres et des auteurs modernes.[1]

§ I.— DU CONTREPOINT FLEURI

1. Le *Contrepoint* en général est l'art de composer, sous un chant. donné, une ou plusieurs parties offrant un dessin mélodique intéressant et soumis à certaines règles. Ce mot est donc à peu près synonyme d'harmonie.[2]

Tous les principes émis jusqu'ici dans cet ouvrage sont dès lors applicables au contrepoint; et ceux qui ont exécuté nos exemples et exercices ont fait du contrepoint sans s'en douter peut-être.

2. On distingue deux sortes de contrepoint: le contrepoint rigoureux et le contrepoint fleuri ou figuré.

Le contrepoint est *rigoureux* quand on accompagne chaque note du chant par une seule note ou un seul accord. (La valeur des notes peut-être différente pourvu que chaque note de chant porte un accord et un seul accord.) C'est ce genre de contrepoint que nous avons surtout employé dans la première et la seconde partie de cet ouvrage. Inutile donc d'en donner ici des exemples.

Le contrepoint est dit *fleuri* ou *figuré* quand on y trouve deux, trois ou quatre notes contre une, lorsqu'on ne. donne qu'un accord à plusieurs notes, ou que chaque note reçoit plusieurs accords, lorsqu'on entremêle à l'accompagnement des notes de différente valeur: rondes, blanches, noires, croches, notes pointées; lorsque l'on y fait usage des appogiatures et notes de passage, des syncopes, des anticipations et prolongations.

C'est là le vrai contrepoint moderne: il convient admirablement à l'orgue et il donne lieu à une variété d'effets incalculable.

---

[1] Ce chapitre n'est guère que le résumé très succinct et aussi clair que possible d'une savante étude de M. F. Clément, dans sa *Méthode d'orgue, d'harmonie et d'accompagnement.*

[2] Au moyen-âge, les notes étaient représentées par des points, et la notation de l'harmonie offrait à l'œil des points superposés, *punctum contra punctum.* De là le nom de contrepoint donné à la science de l'harmonie.

3. Le contrepoint fleuri peut être simple ou double.

Il est *simple* quand les parties extrêmes, le chant et la basse restent dans leur rôle.

Il est *double* quand la combinaison des sons est telle que ces deux parties peuvent se renverser, servir alternativement de chant et de basse l'une à l'autre.

Les exemples suivants donneront une idée juste de ces divers genres.

1º CONTREPOINT SIMPLE À DEUX PARTIES

2º CONTREPOINT SIMPLE À TROIS PARTIES

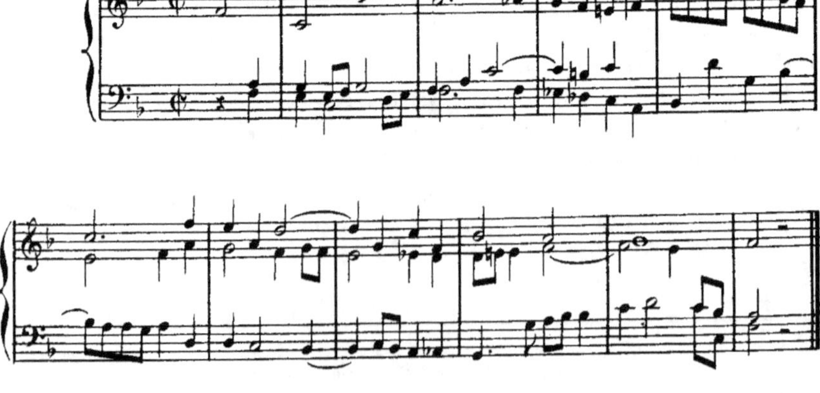

3° CONTREPOINT SIMPLE A QUATRE PARTIES

4° CONTREPOINT DOUBLE A DEUX PARTIES

RENVERSEMENT

5° CONTREPOINT DOUBLE A QUATRE PARTIES

RENVERSEMENT

§ II.— DE L'IMITATION

Le contrepoint fleuri trouve une nouvelle source de richesse dans le style d'imitation qu'il emploie très souvent.[1]

1. On appelle *imitation* la répétition, dans une partie, d'une idée ou d'un chant qu'on vient de faire entendre dans une autre.

La partie qui est l'objet de l'imitation s'appelle *antécédent*; la répétition dans une autre partie se nomme *conséquent*.

2. L'imitation peut être régulière ou libre.

Elle est *régulière* lorsque le conséquent reproduit exactement les tons et demi-tons aux mêmes places qu'ils occupent dans l'antécédent.[2] (Une suite régulière d'antécédents et de conséquents forme ce qu'on appelle un *canon*.)

3. L'imitation est *libre* lorsque la reproduction des tons et des demi-tons n'est pas rigoureuse.[3] Ce que l'on imite surtout alors c'est la forme rythmique, c'est-à-dire la reproduction des mêmes valeurs: blanches, noires, croches, notes pointées, syncopes, etc. Ce genre d'imitation affecte les formes les plus variées. Il peut même se pratiquer en imitant les valeurs de l'antécédent par mouvement contraire.

---

(1) On remarquera que les exemples 3 et 5 du paragraphe précédent sont écrits dans ce style.

(2) Elle ne peut avoir lieu qu'à l'octave, à la quinte supérieure ou à la quarte inférieure.

(3) Elle peut se faire à tous les degrés de l'échelle.

3º. IMITATION LIBRE

§ III. — DE LA FUGUE

La *Fugue* est un morceau de musique dans lequel une phrase principale, servant de type, est reproduite dans une ou plusieurs autres parties, d'après certaines règles de convention.

La fugue se compose de six éléments divers : le *sujet*, la *réponse*, le *contre-sujet*, les *épisodes*, la *stretta* et la *pédale*. Un mot, avec exemples très simples sur chacun de ces éléments.

1° — Le *Sujet* est un motif, une phrase musicale de quelques mesures, qui d'ordinaire s'exécute sans accompagnement. On choisit de préférence un fragment mélodique d'un rythme grave et facile à retenir. Il faut que cette phrase ait une tonalité bien déterminée.

2° — La *Réponse* est le même motif répété dans le ton de la dominante, quelquefois dans celui de la tonique, plus rarement dans ceux de la seconde, de la tierce, de la quarte ou de la sixte.

Dans le premier cas, la fugue est dite *réelle*. C'est le type primitif de ce genre de composition.

Les autres cas donnent ce qu'on appelle des *Fugues d'imitation*.

La tonalité exige parfois de légères modifications dans le motif ainsi répété. La fugue alors est dite *tonale*.

3° — Le *Contre-sujet* est une partie qui sert d'accompagnement au sujet et à la réponse. Il doit être traité en contrepoint et offrir un rythme distinct de celui du sujet. Il peut être placé au dessous ou au dessus, et si l'on emploie ces deux façons, il faut qu'il soit composé en contrepoint double.

Il est d'usage de ne commencer le contre-sujet qu'avec la réponse. Toutefois il y a des exemples de fugues où le contre-sujet accompagne immédiatement le sujet.

4° _ Les *Episodes*, appelés autrefois *divertissements*, sont le développement du sujet et de la réponse dans le style d'imitation. Ils servent à introduire des modulations, et ils relient les différentes rentrées de la phrase principale.

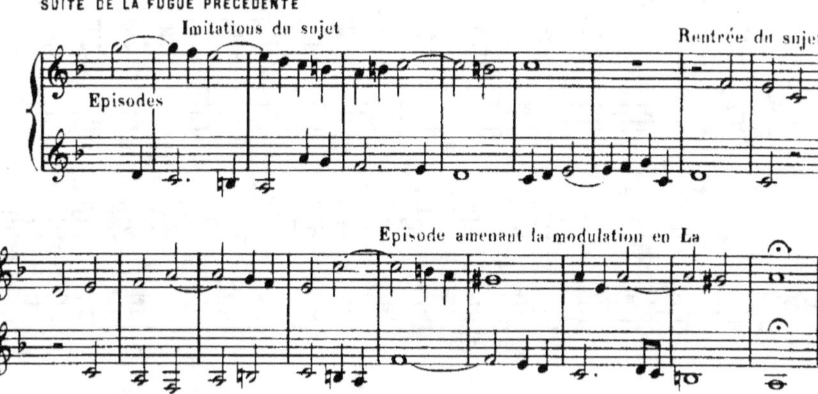

5° _ La *Stretta*, dont le nom signifie *resserré*, consiste à rapprocher le plus possible le sujet et la réponse, à les enchevêtrer en quelque sorte l'un dans l'autre autant que les règles du contrepoint le permettent. On la continue souvent et quelquefois même on y supplée par des imitations du sujet serrées le plus possible.

6°._La **Pédale** consiste à faire entendre sur la tonique ou la dominante, dont le son est prolongé à cet effet, une série d'accords ou une suite de notes rappelant le motif principal et quelques épisodes de la fugue.

Voici une autre fugue un peu moins élémentaire, quoique très simple encore, et qui donnera une idée plus exacte du genre.

Les règles que nous venons d'indiquer sont celles de la fugue dans le style sévère, de la fugue classique. On trouvera dans les œuvres des maîtres une foule de combinaisons qui ne se rattachent qu'indirectement à ces règles; c'est ainsi par exemple qu'il ont parfois des réponses reproduisant ou imitant le sujet par mouvement contraire etc..Nous n'avons voulu que mettre l'élève sur la voie: l'expérience lui apprendra le reste.

Ajoutons, avec l'auteur qui nous a inspiré ce chapitre, que le style fugué et d'imitation « est celui qui convient le mieux à l'orgue, qu'il produit un effet large et saisissant de majesté dans les solennités religieuses, et qu'il devrait remplacer, dans nos églises, ces faridondaines de salon et ces morceaux de musique dramatique, aussi dénués d'effet véritable sur les âmes que peu en rapport avec les ressources propres de l'orgue. »

Avec lui encore, nous engageons les jeunes organistes à étudier sérieusement ce genre de musique, en apprenant par cœur un certain nombre de bons morceaux écrits dans ce style. Ils en trouveront d'excellents dans les ouvrages de Bach, de Hændel, de Rink, de Lemmens, de Guilmant, de Dubois etc. Ils y verront que très souvent il a suffi à ces habiles maîtres de deux ou trois mesures mélodiques pour leur inspirer de magnifiques morceaux d'orgue, dans lesquels le sujet fondamental reparaît sous les formes les plus variées et accompagné d'épisodes intéressants. Enfin, ils y apprendront à exprimer eux-mêmes leurs idées, leurs inspirations musicales, à les développer, à les lier et coordonner entre elles d'une façon élégante, en un mot à devenir un jour de vrais harmonistes et d'habiles improvisateurs.

QUATRIÈME PARTIE

Notions sur la Composition
et l'Accompagnement

Un Organiste ou un Pianiste peut avoir à composer une mélodie, à réaliser des parties chorales sur un air donné, à accompagner soit un cantique, soit un motet à une ou plusieurs parties. Nous allons lui tracer ici quelques règles pratiques qui lui permettront de s'orienter dans ces divers cas et le mettront à même de vaincre les difficultés principales.

Chapitre I

DE LA MÉLODIE

On peut définir la **Mélodie** l'enchaînement régulier et agréable des sons successifs. C'est le chant isolé, ou considéré séparément des parties qui l'accompagnent.

La mélodie est à proprement parler le discours musical. C'est la partie essentielle et principale de la musique. Sans elle l'harmonie en serait réduite à imiter les bruits de la nature, les ruisseaux, les vents, les échos. La mélodie est l'âme qui la soutient, la dirige et lui donne sa puissante expression. Il y a plus, l'harmonie n'est jamais aussi belle que lorsqu'elle chante à plusieurs voix une mélodie composée.

L'art de trouver des mélodies est indépendant de la science musicale. C'est un don de la nature qui tient de l'inspiration. Mais ce don peut être perfectionné et régularisé par l'étude des œuvres des grands maîtres.

Or les observations que présente cette étude ont été formulées par la science moderne en quelques règles générales qu'il importe de connaître.

Ces règles se rattachent à quatre chefs principaux: la tonalité, l'expression, le rythme, la modulation.

§ I.—TONALITÉ

Tout morceau de musique doit appartenir, dans son ensemble, à un ton déterminé du mode majeur ou mineur. Si l'on s'écarte un instant de ce ton principal, pour moduler dans les tons voisins ou éloignés, c'est pour y revenir bientôt et s'y reposer. Cela se comprend sans explication.

§ II.—EXPRESSION

L'expression est l'accent, le sentiment, l'intention que le compositeur imprime à un morceau, à une phrase mélodique, afin de lui faire produire un effet désiré. On l'obtient en imitant les accents de la joie ou de la douleur des êtres animés, mais surtout en écoutant *l'instinct* qui parle au fond de nos âmes. C'est sous ce rapport surtout que la musique est l'œuvre du génie, et l'on peut dire que l'expression musicale échappe à toutes les règles.

Notons seulement ici cette observation : Une mélodie qui repose constamment sur les cordes principales de la gamme, et dont le mouvement est égal, modéré, exprimera le calme des esprits, la douce rêverie, la prière sereine. Au contraire, l'agitation de l'âme, le choc des passions s'expriment par des sauts brusques, des traits inattendus, des modulations nombreuses.

§ III.— RYTHME

Etymologiquement ce mot signifie nombre, mesure, proportion entre les parties d'un même tout.

On a vu que, dans leur simultanéité, c'est-à-dire au point de vue de l'harmonie, les sons se trouvent soumis à des rapports numériques. Il en est de même dans leur succession, c'est-à-dire dans la mélodie. Ici le rythme est la durée proportionnelle et symétrique des sons qui entrent dans la composition d'un chant.

Les sons mesurés par le rythme font éprouver à l'oreille une sensation remarquable, lorsqu'ils se répètent plusieurs fois en présentant les mêmes combinaisons de durée. On a souvent fait observer que le son du tambour, qui par lui-même est sans expression, obtient, grâce au rythme, des effets d'une grande puissance.

« Une mélodie sans rythme serait quelque chose de vague, d'indéterminé, qui finirait par devenir insipide. Le rythme la manifeste, la précise, lui donne ce qu'on appelle le mouvement, et selon qu'il sera plus ou moins lent, plus ou moins précipité, il imprimera au chant un caractère de tristesse ou de joie, de trouble ou de calme, de douceur ou d'emportement. »

On distingue en mélodie deux sortes de rythme : celui qui règle la succession symétrique des temps de la mesure, et celui qui règle la succession symétrique des phrases musicales.

A. DE LA MESURE.— Le rythme se réalise d'abord par le fractionnement d'un morceau de musique en petites parties égales que l'on appelle *mesures*, et par la subdivision des mesures en parties plus petites encore que l'on appelle *temps*.

Toutes les différentes mesures employées en musique se rapportent à deux genres de rythme : le rythme *binaire* et le rythme *ternaire*.

Le rythme est binaire quand la mesure se partage en deux parties égales. A ce rythme appartiennent toutes les mesures à deux ou à quatre temps, soit simples soit composées : $2, \frac{2}{4}, \frac{2}{8}, \frac{6}{8} : 4, \frac{4}{2}, \frac{12}{8}$. (Les subdivisions ternaires des mesures à $\frac{6}{8}$ et $\frac{12}{8}$ ne comptent que pour un temps, à cause de leur succession rapide.)

Le rythme est ternaire quand la mesure se divise en trois parties égales. A ce rythme appartiennent toutes les mesures à trois temps : $\frac{3}{2}, \frac{3}{4}, \frac{3}{8}, \frac{9}{8}$.

Ce qui caractérise surtout le rythme, ce sont les temps *forts* et les temps *faibles* de la mesure. Ces deux espèces de temps sont égaux en durée, mais non en intensité. Le temps fort s'appelle ainsi parce qu'il est plus accentué que le temps faible.

Les temps *forts* sont les temps impairs de chaque mesure : le 1er de celle à 2 temps, le 1er et le 3e de celles à 3 et à 4 temps. Les pairs (2e et 4e) sont les temps faibles.

La mesure et son mouvement plus ou moins rapide jouent un grand rôle dans l'expression de toute idée musicale. Leur importance est telle qu'en changeant la mesure d'une mélodie on en dénature complétement le caractère.

B. DE LA PHRASE MUSICALE

1° Ses éléments._ De même que la mesure se compose de temps, la phrase se compose de mesures. Les phrases musicales correspondent exactement à nos vers qui se composent d'un nombre fixe de pieds ou de syllabes.

Ces phrases sont, comme les mesures, une expression du rythme. En entendant ces mesures se succéder dans un certain ordre, l'oreille éprouve la sensation de leur nombre et du chant qu'elles contiennent, comme aussi le besoin que ce nombre et ce chant se répètent.

La phrase de *quatre* mesures, celle de *six* et celle de *huit* sont les plus usitées. Le rythme d'*une* mesure ne s'emploie pas plus que le vers d'*une* syllabe. Celui de *deux* mesures ne peut exister que dans des mouvements très lents, ce qui le fait équivaloir au rythme de quatre mesures.

Les phrases de *trois*, *cinq* ou *sept* mesures sont défectueuses et prohibées, parce que le nombre de ces mesures est impair. Nous en verrons bientôt la raison.

2° Sa structure._Toute phrase musicale se compose de deux parties, qui sont comme les deux hémistiches de nos vers. La première partie fait éprouver à l'oreille la sensation d'une question posée ; on l'appelle *demande* ou *antécédent*. La seconde partie est comme une réplique à la première, elle se nomme *réponse* ou *conséquent*. Cette réponse doit avoir essentiellement le même nombre de mesures que la demande ; les ornements, les modulations y doivent être disposés dans le **même ordre**. La phrase est d'autant plus parfaite que le rythme de la seconde partie rappelle mieux, même dans ses détails, le rythme de la première. Cette symétrie constitue ce que l'on appelle la *carrure des phrases*.

Les phrases à nombre impair de mesures sont mauvaises précisément parce qu'elles ne peuvent présenter cette carrure ou égalité des parties.

Quelquefois on ajoute deux mesures à la fin d'une phrase, ou bien l'on répète les deux dernières mesures. Cette *coda* d'une phrase a cela de commun avec la *coda* d'un morceau, qu'elle n'en forme pas une partie essentielle et peut en être détachée.

Parfois aussi une mesure se trouve surajoutée pour exprimer une exclamation ; mais elle peut être regardée comme une parenthèse ou mesure détachée qui ne dérange pas la carrure de la phrase.

Il en est de même de l'*écho*, pour lequel on fait répéter par d'autres voix ou d'autres instruments, à l'octave ou même à la quinte, les dernières notes émises. Mais si un tel écho se trouve dans l'antécédent, il est nécessaire qu'il reparaisse dans le conséquent.

Il peut y avoir aussi des mesures sous-entendues. C'est ce qui arrive lorsqu'un membre de la phrase finit au commencement d'une mesure, et que le nouveau membre commence en même temps, sans que le précédent soit terminé, ainsi que cela se rencontre fréquemment dans les duos. Mais la phrase n'en reste pas moins carrée. La mesure qui n'a pas été exprimée et qui manque dans la partition a été perçue par l'esprit, et la mélodie n'est pas boiteuse.

Assez souvent on rencontre, dans les mélodies, des phrases immédiatement répétées, soit sous une forme absolument semblable, soit avec de légères variantes. Alors la réunion de la phrase et de la répétition prend le nom de *période*. Ainsi, lorsque la phrase a huit mesures, la période en a seize.

Notons encore que toute phrase doit avoir ses cadences (celle de la demande et celle de la réponse) sur un temps fort de la mesure, ordinairement sur le premier. Les phrases peuvent aussi commencer un temps ou deux avant la première mesure pleine, comme on le voit dans les deux exemples ci-dessous.

C. AGENCEMENT DES PHRASES.— Ces principes posés, voyons comment se produit une mélodie. Le chant le plus simple comprend ordinairement trois phrases.

La première pose l'idée essentielle de la mélodie, idée qui semble d'abord un peu vague et fait désirer des développements.

La deuxième phrase paraît, au début, s'éloigner un peu de l'idée principale, tout en conservant avec elle un air de famille; mais ses dernières mesures préparent et font désirer le retour de la première phrase.

Enfin la troisième phrase est à peu près la reproduction de la première, avec cette différence que sa dernière mesure forme conclusion.

Voici un exemple d'une mélodie à phrases de quatre mesures, avec période ou répétition de la première phrase. C'est la **Romance du Printemps**.

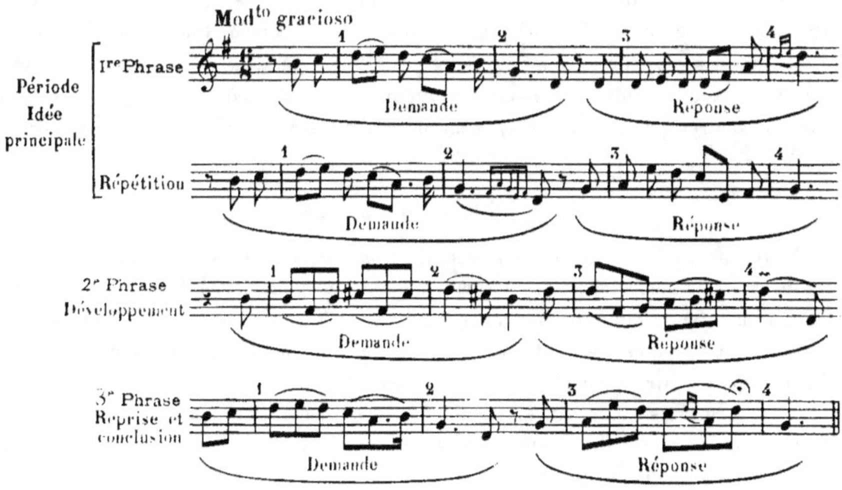

172

L'exemple suivant, l'air de la romance : *Où vas-tu petit oiseau?* nous offre des
phrases de huit mesures, avec *coda* à la deuxième phrase.

Quand une composition musicale est de quelque étendue, son agencement se com-
plique, comme en poésie, lorsque, au lieu d'un simple sonnet, on écrit tout un poème.
Une grande composition musicale comprend l'introduction, le thême ou idée principale, les développements dont le but est de fixer le thême dans l'esprit de l'auditeur, les épisodes, la rentrée, enfin la finale ou conclusion.

La règle de l'unité doit exister dans un morceau de musique, comme dans un
discours, comme dans un poème. Aussi la plus longue composition se ramène-t-elle
ordinairement à un petit nombre de phrases musicales, que le compositeur varie
par divers moyens, mais qui gardent toujours un air de parenté et qui se lient les
unes aux autres par l'expression, la mesure, le rythme, la place des cadences ou points
de repos.

§ IV.— MODULATIONS

Nous avons déjà vu qu'un morceau de musique, tout en restant d'une manière générale dans le même ton, doit en sortir quelquefois pour varier le plaisir de l'auditeur et maintenir son attention en éveil. C'est là le but essentiel des modulations.
Ajoutons que le musicien y trouve un puissant moyen de transition aux divers sentiments qu'il désire successivement exprimer.

Or ce que nous avons dit des modulations harmoniques s'applique également aux
modulations de la mélodie. Pour compléter ce qui regarde ce dernier sujet, nous allons
transcrire ici quelques observations judicieuses d'un auteur moderne.[1]

-----

(1) Quilichini, Leçons d'harmonie.

«Toute mélodie, même la plus simple, doit moduler au moins un instant. Mais comment choisira-t-on la modulation? en quel ton faut-il moduler?»

«Pour résoudre cette question, rappelons-nous qu'il y a deux sortes de modulations: 1° la modulation aux tons voisins, 2° la modulation aux tons éloignés.

«Dans une mélodie courte, on ne module qu'aux tons voisins.(On appelle ainsi le ton relatif du principal, et ceux qui n'en diffèrent que par un accident à la clef.) Ainsi la chanson du *Printemps* reproduite ci-dessus, et qui est écrite en *sol*, module aux tons voisins *si mineur* et *ré majeur*. La romance *Où vas-tu petit oiseau?* qui est en *do* majeur, module au ton voisin *sol*.

« Les mélodies plus longues veulent d'abord la modulation principale qui ne fait que développer le thème, et par conséquent se trouve mieux placée dans les tons voisins et doit être aussi naturelle que possible. Viennent ensuite les modulations accessoires, qui ont pour but de solliciter particulièrement l'esprit de l'auditeur, de le frapper, de le surprendre. Ces modulations accessoires seront brusques, inattendues et causeront d'autant plus de plaisir qu'elles porteront sur des tons plus éloignés. A cet objet répondent parfaitement les modulations enharmoniques.»

Notons encore quelques observations générales.

1° La modulation unique dans les mélodies courtes, ainsi que la modulation principale dans les mélodies d'une certaine étendue, se fait le plus souvent soit à la dominante, soit à la sous-dominante, soit au relatif majeur ou mineur. Ainsi la petite mélodie de Lulli: *Au clair de la lune*, a sa modulation à la dominante:

Celle de Pergolèse: *Au sang qu'un Dieu va répandre*, module dans le relatif majeur:

2°—Le compositeur peut choisir son moment pour la modulation et changer de ton au commencement ou au cours d'une phrase. Néanmoins il convient généralement de moduler vers le milieu de la mélodie, lorsque déjà on a pu bien faire comprendre l'idée principale, sur laquelle d'ailleurs, avant de finir le morceau, on a soin de revenir avec quelque insistance.

3°—Le nombre des modulations doit être proportionné au sujet. Ainsi avec un sujet simple on fera peu de modulations. Au contraire on en fera beaucoup dans un sujet dramatique et passionné. Pourtant alors même on doit éviter l'excès, pour ne point briser la mélodie.

4°— La nature de la modulation devra également être en rapport avec le sujet, c'est pourquoi, avec un sujet triste, on modulera de préférence dans le mode mineur, ou encore dans un ton majeur portant un ou plusieurs bémols à la clef. On remarquera en effet que ces dernières gammes ont une certaine teinte de mélancolie par laquelle elles se rapprochent du mineur. Cette particularité tient à leur composition un peu différente de celle des gammes avec dièses.[1]

Telles sont les règles générales, les règles classiques de la mélodie. Il va sans dire qu'elles souffrent de nombreuses exceptions. Néanmoins le musicien est tenu de s'y soumettre en ce qu'elles ont d'essentiel. Un bon mélodiste pratique d'ailleurs ces règles presque sans s'en douter; le développement de son idée s'y prête à merveille.

§ V.— COMPOSITION DES MÉLODIES

Supposons maintenant notre compositeur en face d'une poésie à laquelle il veut donner une seconde expression dans le langage musical. Il devra tout d'abord se pénétrer profondément de l'idée du poëte et des sentiments exprimés par les paroles; puis il choisira le mode, la tonalité, le genre de mesure, le mouvement et les successions mélodiques qui lui paraîtront s'y adapter le mieux; et, se livrant à son inspiration, il s'efforcera de traduire parfaitement les pensées, de les faire ressortir et de leur donner en quelque sorte une vie nouvelle, celle de la forme et de l'expression musicale.

Quand son idée sera bien arrêtée, il l'écrira et s'assurera qu'elle est de tout point correcte. Nous lui conseillons même d'y adapter un accompagnement bien harmonique. Ce dernier travail pourra lui suggérer des modifications très heureuses.

Il est des artistes qui préfèrent se livrer *ex abrupto* à diverses improvisations sur les paroles données. Quand ils ont trouvé une mélodie qui leur paraît convenable, ils s'appliquent à lui donner sa vraie mesure, son mouvement, sa tonalité. Ici chacun doit être libre de suivre la marche qui lui plaît.

Quand la poésie ou le cantique a un refrain, il faut qu'il soit préparé par les dernières mesures du couplet. Ce refrain peut être écrit dans une autre mesure et dans un ton différent, mais il doit toujours se marier avec le couplet et en rendre la reprise facile.

Ce que nous recommandons surtout au compositeur, c'est de bien faire concorder le rythme musical avec le rythme de la poésie, de façon à éviter les coupes malheureuses de mots ou de phrases que l'on rencontre trop souvent dans les recueils de cantiques populaires. Si parfois la structure d'une strophe ne concordait pas avec celle du premier couplet, il faudrait noter de nouveau cette strophe, avec les modifications rythmiques nécessaires, comme le font tous les vrais musiciens, comme l'a fait Adam dans le chant: *Minuit chrétiens*, comme l'a fait Gounod dans le cantique: *Le ciel a visité la terre*. Ces exemples sont trop connus pour que nous ayons besoin de les transcrire.

Nous terminons ici ce chapitre. L'étude des bons auteurs et le goût naturel suppléeront à tous les autres préceptes.

---

(1) Cette différence n'existe pas sur les instruments à clavier où les dièses et les bémols se font avec les mêmes touches. Mais régulièrement le bémol est un peu plus bas que le dièse correspondant.

Chapitre II

DE L'HARMONISATION VOCALE

L'Organiste, avons-nous dit, peut être appelé à établir une harmonie sous une mélodie quelconque, afin de faire chanter cet air en parties par un chœur de musiciens.

Pour y réussir convenablement, il doit connaître d'abord les voix qu'il aura à sa disposition. C'est pour cela qu'il nous paraît utile de donner ici quelques indications sur les voix en général.

§ I. _ DES VOIX

Il y a dans la nature humaine deux espèces de voix types : La voix aiguë et la voix grave. La première est celle des enfants et des femmes ; la seconde est celle des hommes faits. La différence commune de l'une à l'autre est à peu près d'une octave.

Ces deux voix types se subdivisent chacune en deux autres voix ; et ces dernières ont encore entre elles une voix mixte ou intermédiaire ; ce qui forme un total de six voix humaines, dont les trois premières appartiennent aux femmes et enfants, et les trois dernières aux hommes.

Voici les noms de ces voix avec leur étendue :

1° _ *Premier dessus* ou *soprano primo*. Une octave et demie dans les *chœurs*, à partir de l'*Ut* (19ᵉ touche d'un clavier de piano). Trois sons de plus dans les *solos*.

2° _ *Second dessus*, *mezzo soprano*, *secundo soprano*. Une octave et trois notes de plus dans les chœurs, à partir du même *Ut*. Deux sons de plus dans les solos.

3° _ *Contralto* ou *haute-contre*. Une octave et trois notes de plus dans les chœurs, à partir du *Fa*, (15ᵉ touche du clavier). Trois sons de plus dans les solos.

4° _ *Ténor* ou *taille*. Une octave et demie, dans les chœurs, à partir de l'*Ut* (12ᵉ touche du clavier). Quatre sons de plus dans les solos.

5° _ *Baryton* ou *second ténor*. Une octave et demie dans les chœurs, à partir du *Si* (11ᵉ touche). Trois sons de plus dans les solos.

6° _ *Basse* ou *basse taille*. Une octave et cinq sons de plus dans les chœurs, à partir du *Sol* (9ᵉ touche). Deux sons de plus dans les solos.

En général les voix humaines ne sont bien posées et n'ont acquis toute leur perfection qu'un an ou deux après le temps de *la mue*. Ce nom désigne le changement qui s'opère dans la voix à l'époque où les individus des deux sexes passent de l'enfance à la puberté.[1] Alors les voix d'enfants mâles qui étaient hautes deviennent des voix de ténors ; celles qui étaient basses se changent en barytons ou en basses-tailles. Les voix hautes de jeunes filles gagnent quelques notes élevées de plus, et celles qui étaient peu étendues deviennent des contraltos. Il y a cependant des voix de femmes qui restent dans leur état primitif, mais elles acquièrent alors plus de force et de sonorité.

---

(1) Il ne faut pas faire chanter les jeunes gens à l'époque transitoire de la mue, sous peine de gâter à tout jamais leur voix

§ II. — ANALYSE D'UN CHANT A HARMONISER

Ces notions comprises, plaçons le musicien en face de la mélodie qu'il doit harmoniser. La première chose qu'il ait à faire, c'est l'analyse de cette mélodie, analyse qui doit répondre aux cinq questions suivantes:

1º — En quel ton la mélodie est-elle écrite ? (Il peut y avoir lieu de la transposer dans un ton plus convenable aux voix dont on dispose.)

2º — Quelles notes forment repos ou cadences mélodiques; en d'autres termes, comment sont disposées les différentes phrases?

3º — Quelles sont les notes réelles et les notes accidentelles? On fera ce classement en observant le sens tonal de la composition, ainsi que les cadences dont il vient d'être parlé. Ordinairement ce sont les temps forts et les parties fortes des temps qui portent les notes réelles et c'est sur eux par conséquent que doivent se faire les changements d'accords. Mais il y a sous ce rapport plusieurs manières d'envisager une mélodie, et telle note réelle peut être considérée comme accidentelle, comme appogiature ou suspension par exemple. De là résulte la possibilité de placer sous le chant des harmonies différentes. Le choix est ici laissé au goût du compositeur.

4º — Quelle est la modulation principale, et quelles sont, s'il y en a, les modulations accessoires ? On le trouve en remarquant les notes altérées, et en recherchant, par l'observation de la cadence mélodique qui suit chacune d'elles, s'il faut les considérer comme accidentelles et sans aucune influence sur la tonalité, ou comme réelles, et dès lors de nature à devenir l'élément constitutif d'une nouvelle gamme.[1]

5º — Enfin quel est le caractère général de la mélodie, afin d'y conformer et l'harmonie elle-même et chacune des parties qui la composent.

Ces questions résolues, on fixe les combinaisons harmoniques, en suivant les diverses tonalités, la ponctuation et la physionomie d'ensemble de la mélodie, et en respectant toujours, bien entendu, les règles précédemment indiquées.

§ III. — PROCÉDÉS PRATIQUES POUR ÉTABLIR UNE HARMONIE

Pour réaliser cette harmonie, chacun est libre d'employer le moyen qu'il veut, et l'inspiration individuelle est ici le meilleur guide.

1º — Que si l'on désire un procédé pratique, nous conseillerons volontiers celui qu'indique M. Bazin.

Il consiste à composer d'abord une *harmonie préparatoire*, en donnant aux notes réelles du chant les accords des 1ᵉʳ, 4ᵉ, 5ᵉ et 6ᵉ degrés des deux modes, comme on le fait dans le plain-chant, en employant toutefois l'accord de 7ᵉ de dominante pour le 5ᵉ degré.

---

[1] Savard, Cours d'harmonie.

Cette première harmonie n'est qu'une ébauche; elle laisse à l'écart une partie des richesses dont la science dispose, et elle produit souvent des mouvement de basse défectueux et des successions irrégulières.

On procède alors à l'harmonie définitive par l'emploi des divers renversements, par la substitution de certains accords dissonants aux accords susdits, par les différentes cadences et autres artifices harmoniques indiqués dans la partie précédente de cet ouvrage.

2. Outre ce procédé, il en est un autre également recommandé par les auteurs. Il consiste à réaliser une basse avant toute harmonie, après quoi on trouve aisément les parties intermédiaires.

Ces essais de basse établie sous une mélodie donnée sont très utiles, et nous conseillons à l'organiste désireux de s'instruire, de prendre de temps à autre une mélodie de maître, d'en écrire la basse, et de comparer avec celle de l'auteur.

3. On trouvera plus loin des exemples de ces deux manières de faire. Mais avant de les mettre en pratique, rappelons ici que, dans l'agencement des parties diverses qui composent l'harmonie, on ne doit jamais perdre de vue les voix qui les exécuteront.

Quand, avec des voix graves, on possède des voix aigües en assez grand nombre, on compose ordinairement à quatre *parties inégales: soprano, alto, ténor* et *basse,* et l'on dispose ces parties d'après le système de l'harmonie espacée dont nous avons parlé au chapitre V de la 2de partie. (Voir ci-après, ex: **A**.) — Pour obtenir les quatre parties, il faut doubler l'une des trois notes de l'accord parfait. On double de préférence la fondamentale, moins souvent la quinte et plus rarement encore la tierce.

Quand on n'a pas assez de voix aigües pour les diviser, on peut les unir et n'avoir que trois parties inégales: *soprano, ténor* et *basse*. (Ex: **B**).

Si l'on n'a à sa disposition que des voix de femmes ou d'enfants non mélangées aux voix d'hommes, ou vice versa, on compose à trois parties égales. (Ex: **C**).

Dans les deux derniers cas, on s'efforce de conserver toutes les notes essentielles à l'harmonie. Il est nécessaire de supprimer une des notes des accords de 7ème; parfois même la marche des parties exige que l'on supprime l'une de celles de l'accord parfait pour en doubler une autre. Nous venons d'indiquer les notes qui se doublent de préférence. Celles que l'on supprime le mieux sont la quinte puis la fondamentale. On ne doit jamais supprimer la tierce ni la 7ème dans les accords de ce nom.

On compose aussi en *duo*; mais ce genre de composition n'est pas de l'harmonie proprement dite; c'est plutôt un double chant mélodique, une mélodie à deux parties, et l'on n'y emploie guère que les intervalles de tierce et de sixte. Les duos peuvent cependant faire partie d'une harmonie très savante quand celle-ci est complétée par l'accompagnement. (Ex: **D**).

Un dernier mot: les diverses parties doivent toujours être aussi chantantes que possible. Il faut éviter soigneusement qu'elles se croisent ou chevauchent l'une sur l'autre.

§ IV.— EXEMPLES DU PREMIER PROCÉDÉ POUR RÉALISER UNE HARMONIE.

Supposons que l'on ait à harmoniser la mélodie suivante.

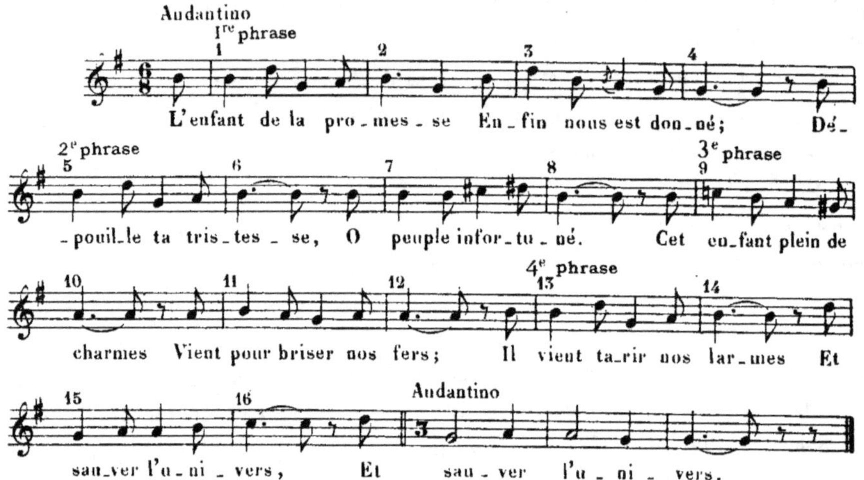

On fera d'abord l'analyse du morceau:

1° Il est écrit dans le ton de *sol* majeur.

2° Chacune de ses phrases est de 4 mesures, et la phrase est partagée en deux sections égales, à l'exception de la 4ᵉ phrase dont la seconde partie est répétée et forme une finale écrite dans la mesure à $\frac{3}{4}$ pour mieux marquer le *rallentando*.

3° Les notes réelles sont les noires qui se trouvent aux temps forts ou aux parties fortes des seconds temps. A la 3ᵉ mesure le *la* peut être considéré comme note de passage parce qu'il est au temps faible et que les autres notes indiquent l'accord de *sol*.

4° La 7ᵉ mesure a deux notes réelles accidentées, qui indiquent une modulation. Ces deux notes, *do* ♯ et *ré* ♯ se succédant, indiqueraient assez bien la tonalité de *mi* mineur, relatif de *sol* majeur; mais la résolution du *ré* ♯ n'ayant pas lieu, et la cadence de la phrase se faisant sur le *si*, la modulation est réellement dans le ton de *si* majeur. La 9ᵉ mesure présente un *sol* ♯ qui se résout sur le *la*. Il serait possible d'établir une seconde modulation dans le ton de *la* mineur. Mais deux modulations, ce serait beaucoup dans un morceau si court et d'un caractère si simple; il vaudra donc mieux regarder ce *sol* ♯ comme une note de passage et donner aux mesures 9 et 10 l'accord de la dominante du ton de *sol*.

5°— Ce morceau est une pastorale: musique et paroles sont d'une grande sim_plicité. L' harmonie devra évidemment avoir le même caractère.

HARMONIE PRÉPARATOIRE

Ce premier travail terminé, il sera facile de régulariser et de perfectionner l'harmo_nie, et de réaliser avec elle des parties chantantes. On pourra le faire comme il suit:

(On écrit d'abord sur 2 portées: 1ʳᵉ soprano et alto, 2ᵉ ténor et basse, pour mieux voir la marche des parties).

Ex: A.— HARMONIE A 4 PARTIES. (Voix inégales)

L'examen comparatif de l'harmonie préparatoire et de l'harmonie définitive,
donnera une idée de la façon dont on a amélioré et complété le premier travail.

Ex: B — HARMONIE A 3 PARTIES (Voix inégales)

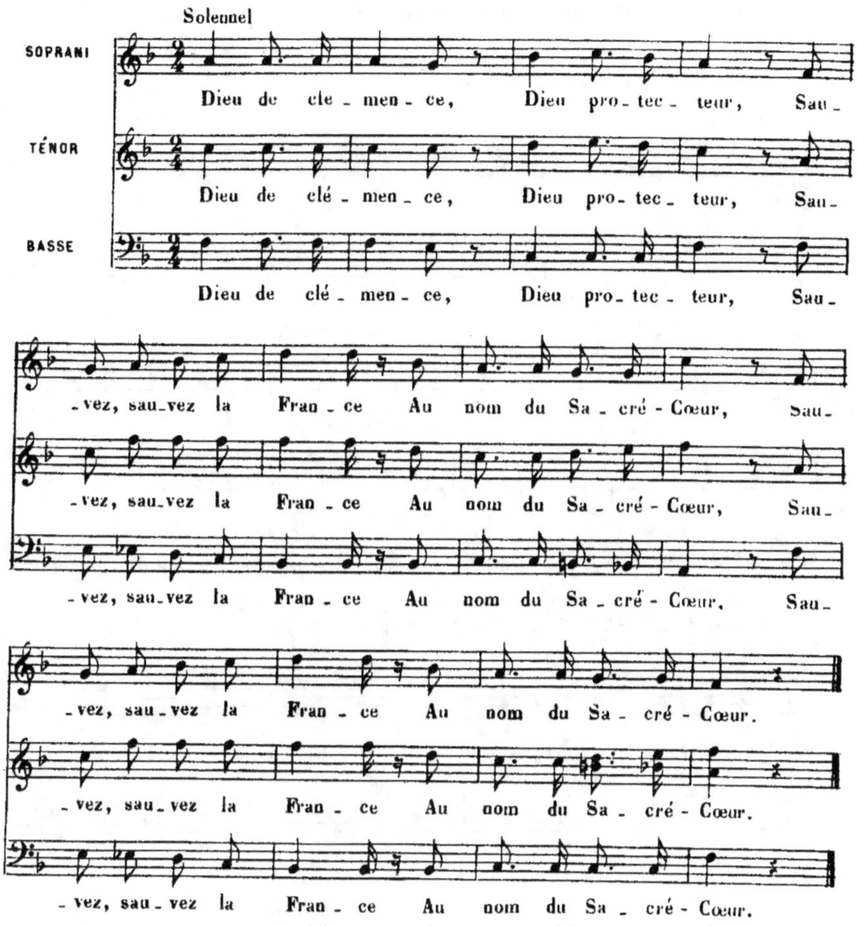

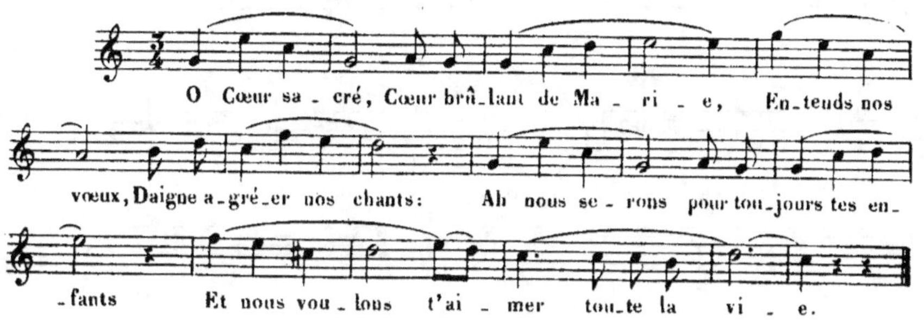

§ V. — EXEMPLES DU SECOND PROCÉDÉ.

Supposons que l'on doive harmoniser la mélodie suivante:

On commencera par analyser ces deux phrases d'après la méthode indi_
quée précédemment. Puis on cherchera une basse qui pourra être la suivante:

Puis, établissant une partie intermédiaire, nous aurons l'harmonie suivante:

Ex: C _ HARMONIE A 3 PARTIES (Voix égales)

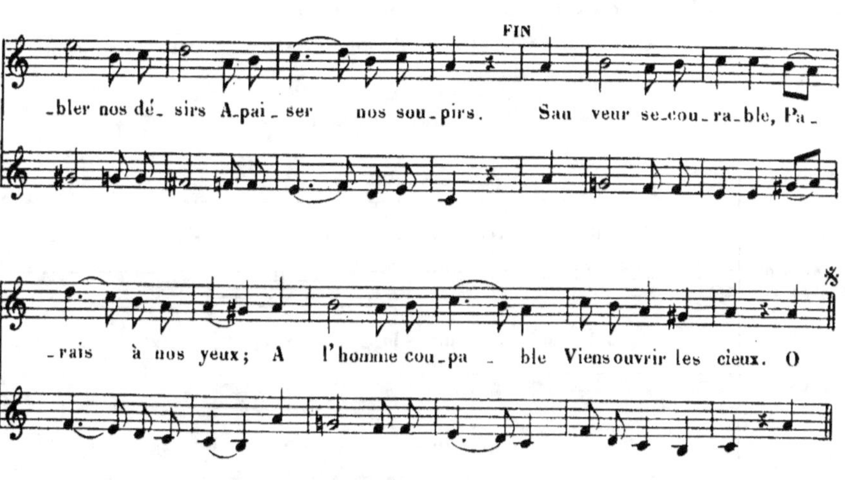

§ VI. — HARMONISATION VOCALE DU PLAIN-CHANT.

On fait souvent, dans les solennités religieuses, exécuter en parties, ou, comme l'on dit, en *faux-bourdons*, quelques-uns des chants de l'office divin. Les recueils de morceaux arrangés à cet effet ne manquent pas. Mais ils conviennent rarement à toutes sortes de chœurs; et l'organiste ou le maître de chapelle se verra fréquemment obligé d'harmoniser lui-même ces morceaux en vue des voix qu'il a à sa disposition.

Il le fera d'après les principes que nous venons de donner, tout en observant fidèlement les règles spéciales de l'harmonisation du plain-chant que nous avons exposées dans la seconde partie de cet ouvrage.

La place que doit occuper le chant, dans la partition, dépend de la nature du morceau et de l'ensemble des voix que l'on possède.

1° Si l'on a un nombre suffisant de *soprani*, et que le morceau s'y prête, on pourra leur faire exécuter la partie du chant, et alors on harmonisera à voix inégales, à trois ou quatre parties.

2° Quand les fidèles alternent avec le chœur, (ce qui est toujours désirable), et quand, par suite, on est obligé de ne pas trop élever le morceau, on fait exécuter le chant par les *ténors*. On commence par trouver une basse; puis on complète l'harmonie par une ou deux parties de *soprani*. C'est ordinairement de cette fa_çon que l'on harmonise le chant des psaumes.

3° Quand on n'a à sa disposition que des voix de même élévation, ou que l'on est obligé de faire exécuter le chant par les *soprani* et les *ténors* réunis, on har_monise d'ordinaire à trois voix égales, afin d'éviter les croisements. Cette manière d'écrire est difficile, et l'effet en est un peu monotone.

Les exemples qui suivent mettront d'emblée le compositeur au courant.

En écrivant la partition sur deux portées, on se rendra mieux compte de son ensemble; et c'est ainsi qu'elle doit être écrite pour l'accompagnement.

On voit que la marche des parties oblige à laisser quelques accords incomplets, surtout dans les cadences finales. L'organiste aura soin de les compléter dans l'accompagnement.

B _ CHANT AUX SOPRANI (3 voix égales).

C _ CHANT AU TÉNOR (4 voix inégales).

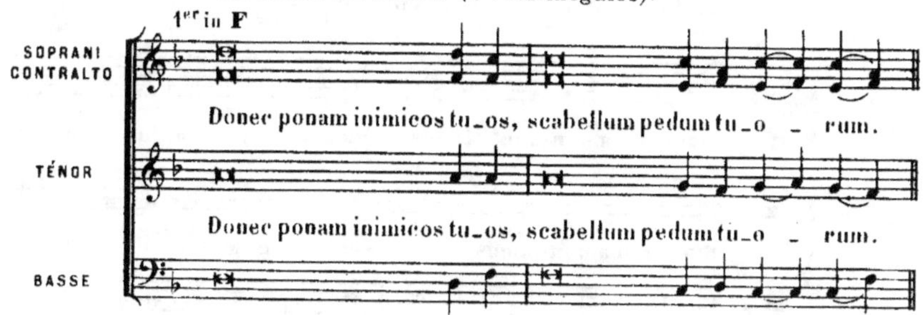

D_ CHANT AU TÉNOR (3 voix inégales).

E_ CHANT SUPÉRIEUR (3 voix égales).

6e irrég.

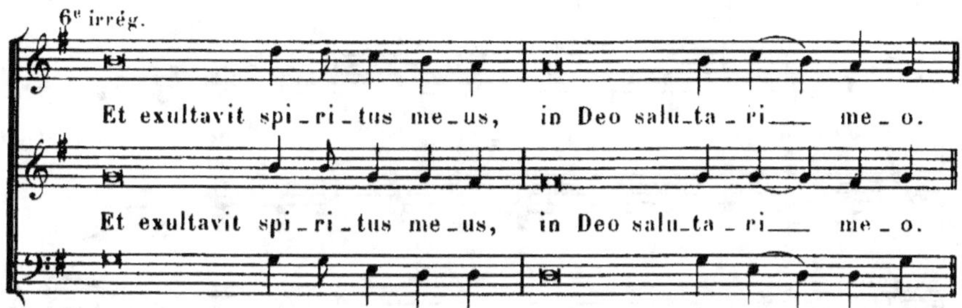

F _ On peut aussi chanter en duo, en complétant l'harmonie par un bon accompagnement; et c'est souvent ce qu'il y aura de plus pratique dans bien des églises et chapelles où les éléments d'un chœur complet font défaut.

Pour être plus chantants, les duos se constituent d'ordinaire avec la tierce et la sixte. L'accompagnement doit être arrangé en conséquence. Exemples:

5e (dom. Si ♭)

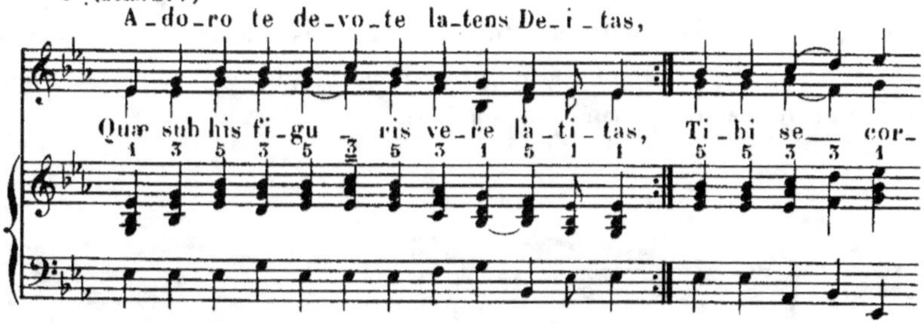

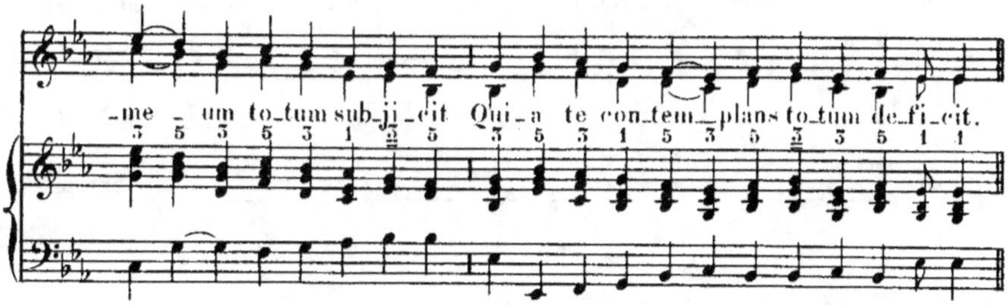

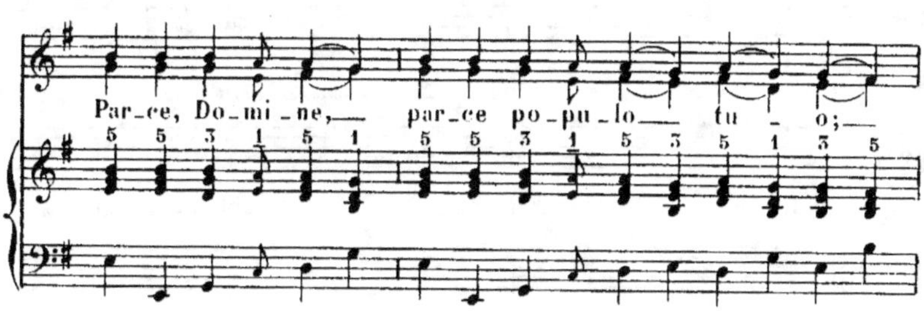

G_ On peut aussi harmoniser pour voix le chant grégorien exécuté à la façon bénédictine.

En voici un exemple, que nous empruntons au R.P. Lhoumeau.

Pour arriver à la bonne exécution d'un chant ainsi harmonisé, on devra donner à chaque choriste la partition entière, ou du moins la mélodie écrite au dessus de sa partie; et les exécutants feront préalablement quelques exercices d'ensemble, afin d'arriver à une concordance parfaite.

§ VII.— CONSEILS PRATIQUES DE M. FÉTIS.

Ajoutons à ces notions quelques conseils pratiques donnés par M. Fétis, di_
recteur du Conservatoire de Bruxelles.

1. "Il est un point, dit-il, sur lequel les compositeurs doivent porter leur at_
"tention pour éviter la fatigue aux chanteurs. C'est celui du degré d'élévation
"dans lequel ils maintiennent les voix. Les traits de grande extension, soit à l'ai_
"gu, soit au grave, ne doivent se présenter que de loin en loin, et il faut que la
"voix reste ordinairement dans son médium. Il est des morceaux qui, sans par_
"courir une grande étendue, font éprouver une grande fatigue aux chanteurs ,
"parce qu'ils restent longtemps sur des notes peu favorables. Ainsi un soprano
"montera sans fatigue aux sons les plus élevés de sa voix, tandis qu'il lui sera très
"pénible de chanter longtemps sur *mi, fa, sol*, d'autant plus que c'est sur ces notes
"qu'il est obligé de passer de la voix de poitrine à la voix de tête. Il en est de même
"des voix de ténor, dont le passage à la voix de fausset à lieu ordinairement en *fa*
"et *sol*. Il faut beaucoup d'art au chanteur pour affaiblir autant que possible ce
"changement de régistre de sa voix. Si donc le compositeur fait reposer le chant
"sur ces notes, il lui fait éprouver une fatigue qui nuit beaucoup au développement
"de ses moyens.

2. "Il est aussi des intervalles que la voix ne peut franchir qu'avec beaucoup
"de peine, et que le chanteur ne fait entendre qu'avec timidité, parce qu'il est
"fort difficile de les entonner avec justesse. Ce sont ceux de quinte mineure ,
"de quinte augmentée, de quarte majeure ou triton, de quarte diminuée et de
"seconde augmentée. Le passage de l'une à l'autre note que forment ces inter_
"valles n'est pas naturel au mouvement du gosier, ce qui oblige le chanteur à
"des préparations qu'il n'a pas le temps de faire dans les traits rapides. Si quel_
"que circonstance met le compositeur dans la nécessité d'en faire usage, il faut
"que ce soit au moyen de notes d'une certaine durée.

3. "Enfin le choix des mots influe beaucoup sur l'émission des sons de la voix.
"et l'art du compositeur consiste à ne placer certains traits, certaines notes que
"sur des syllabes qui en facilitent l'exécution. Tel trait, telle note qui coûtait
"beaucoup de peine au chanteur sur une syllabe, lui deviennent faciles sur une
"autre; et il est d'autant plus nécessaire d'être en garde sur ce point que notre
"langue abonde en syllabes sourdes et nasales, peu favorables aux intonations
"musicales."

Chapitre III

DE L'ACCOMPAGNEMENT

Nous avons à donner, dans ce chapitre, quelques instructions, quelques conseils pratiques, pour mettre l'organiste à même d'accompagner d'une manière convenable une mélodie ou un chœur quelconque.

L'accompagnement est un emploi simplifié de l'harmonie, dans le but d'aider la voix des chanteurs. Tout en apportant son concours à la mélodie, il tient auprès d'elle une position secondaire. Le rôle de l'accompagnateur, son art dirons-nous volontiers, est de soutenir le chant, de le mettre en relief, et non de le couvrir, de l'effacer, comme il arrive trop souvent.

En règle générale, il suffit d'y employer deux sortes d'accords, ceux desquels dérivent à peu près tous les autres: l'accord parfait et l'accord de 7e de dominante, qui forment d'ailleurs le fond principal de toute harmonie. On peut y joindre quelquefois l'accord de 7e de seconde préparé comme nous l'avons dit, et se résolvant sur celui de 7e de dominante.

Dans l'accompagnement, non seulement on ne tient pas compte des notes accidentelles, mais il n'est pas nécessaire de donner un accord à chacune des notes réelles. Souvent l'on peut se contenter de donner l'harmonie propre aux notes des temps forts.

Le choix des formes d'accompagnement est abandonné au goût du compositeur, et elles peuvent être très variées. Elles se rapportent toutes à deux genres principaux: l'accompagnement *simple* et l'accompagnement *figuré*, que nous allons traiter séparément.

§ I._ ACCOMPAGNEMENT SIMPLE.

A _ Avec des chanteurs habiles, ou quand on accompagne un air facile, un cantique populaire par exemple, on peut se contenter de placer sous les notes principales du chant les accords qui leur sont propres, et cela indépendamment de toute forme mélodique. C'est ce que l'on appelle l'accompagnement *simple*.

Or la disposition de ces accords peut se combiner d'une multitude de manières: les formes les plus connues sont:

1° Les accords *tenus* qui se prolongent et se lient. On les emploie particulièrement à l'orgue, où ils donnent à l'accompagnement un caractère religieux et solennel. Ex:

2º Les accords *plaqués*, que l'on répète plusieurs fois sous la même forme, tout en respectant la tonalité. Ex:

3º Les accords *brisés*, dans lesquels la basse se fait entendre avant les au_tres parties. Ex:

4º Les accords *arpégés*, dans lesquels on fait entendre les notes l'une après l'autre. Le mot arpège vient de l'italien *arpa*, harpe, parce que c'est sur la harpe que ce genre d'accompagnement s'est produit d'abord d'une manière plus spéciale. D'une forme un peu indécise, il offre un caractère d'une gravité douce qui lui don_ne un charme particulier. Ex:

Il est bon de remarquer que l'accord se frappe sur les temps forts et sur la par_tie forte des temps, afin de mieux marquer la mesure. Quand le rhythme sépare la partie basse de la partie haute, comme dans les accords brisés ou arpégés, la basse est ordinairement frappée sur les temps forts, comme l'eût été l'accord tout entier.

B_ Nous recommandons l'étude de la formule suivante. Elle contient un nombre suffisant d'accords pour accompagner toute mélodie appartenant à une gamme mu_sicale. Ces accords sont: l'accord parfait de la tonique, l'accord de 7ᵉ de dominante, l'accord parfait du 4ᵉ degré, celui du 6ᵉ degré, et l'accord de 7ᵉ de seconde tom_bant sur celui de 7ᵉ de dominante. L'élève fera bien de reproduire cette formule avec toutes ses variétés, dans tous les tons usuels, majeurs et mineurs.

Accords brisés

Accords arpégés

Mêmes exemples dans d'autres mesures

(1) La seconde note (si et fa#) dans ces trois mesures, est une broderie. On emploie assez souvent, dans les arpèges, des notes de passage qui dérouteraient à l'analyse si on voulait les faire compter dans la constitution de l'accord.

On emploie aussi ces accords à la main gauche, pour accompagner une mélodie exécutée sur l'orgue par la main droite. Les exemples suivants contiennent la même formule avec les accords à la basse et un chant à la partie supérieure.

(1) Nous modifions ici l'accord pour varier la basse. Le *do* de l'accord suivant n'étant plus préparé peut être considéré comme note de passage.

C. Il nous reste à faire l'application de ces principes et de ces formules à l'accompagnement d'une mélodie, d'un chant quelconque.

Après s'être rendu compte du ton, de la mesure, du mouvement, du rhythme, des modulations principales et passagères, des passages difficiles, des cadences ou de la structure des phrases, l'organiste pourra débuter par un *prélude*, qui contiendra l'intonation ou le motif principal du morceau; puis il accompagnera selon son goût, d'après les règles données ci-dessus.

Il va sans dire qu'en appliquant les formules précédentes, il devra enchaîner convenablement les accords et éviter toute suite de quintes ou d'octaves. Il est bien entendu également que, s'il accompagne un chant à plusieurs parties, son harmonie ne devra pas être en désaccord avec celle du chœur.

Voici des exemples variés, empruntés à divers auteurs.[1]

(1) Les trois premiers exemples sont extraits des *Chants à Marie* avec l'autorisation de l'éditeur M. Poussielgue.

cœur, Ma ten_dre Mè _ re, En toi j'es _ pè _ re Sois mes a _ mours tou
lento
_jours Sois mes a _ mours tou _ jours. _______
3e EXEMPLE
D'après LAMBILLOTTE
Andantino
Dou _ ce Rei _ ne, Vier_ge Ma _ ri _ e, Mon pre_mier can_tique est pour
vous; Je me pros_terne à vos ge_noux, E _ cou_tez-moi Mè_re ché_
_ ri _ e, E _ cou_tez-moi, Mè_re ché _ ri _ _ e ___ Ten_dre
etc.
etc.

On remarquera que, dans ce dernier exemple, les arpèges quittent parfois l'accord pour suivre le chant, soit à la tierce, soit à la sixte. Ce sont des fantaisies d'artiste parfaitement légitimes.

§ II.— ACCOMPAGNEMENT FIGURÉ

Avec des chanteurs peu exercés et dans les passages difficiles, on emploie de préférence l'accompagnement *figuré*, qui se propose, outre l'exécution de l'harmonie, celle des formes mélodiques des différentes voix.

Quand on doit accompagner un chœur chantant à plusieurs parties, le mieux est de reproduire la partition, en complétant l'harmonie, s'il y a lieu.

Dans les chants à l'unisson, l'accompagnateur fait entendre la mélodie à la main droite, et il l'harmonise à son idée.

A. S'il accompagne un *solo* ou seulement quelques voix, il peut harmoniser à trois parties, et en faire deux soit à la main gauche, soit à la main droite. Exemples:

De ces deux formes d'accompagnement, la seconde (ex. **b**) est préférable. Elle consiste à reproduire à la main droite le chant avec la tierce ou la sixte, en donnant à la main gauche la basse fondamentale de l'accord de chaque temps fort. La mélodie y «ressort d'autant mieux que le chant est reproduit pour ainsi dire une seconde fois par la tierce ou la sixte, et que la basse n'étant pas trop chargée n'empêche pas d'entendre les parties supérieures.»

Et notons qu'il est presque toujours possible d'obtenir par ce moyen un accompagnement très convenable des mélodies du genre simple. C'est uniquement d'après ce principe que Mgr Chabot, curé de Pithiviers, a composé une excellente Méthode pour accompagner à première vue les cantiques populaires.

Comme il le fait très bien remarquer, dans toute phrase musicale, chacune des notes peut s'accompagner par la tierce ou la sixte inférieure. La sixte est toujours juste; la tierce est juste pour toutes les notes, excepté pour la tonique (qui s'accompagne par la sixte ou reste sans accompagnement.) La quinte peut s'employer sur le second degré pour servir d'intermédiaire entre la tierce et la sixte.

L'heureux enchaînement des sixtes et des tierces donne une certaine variété à ce genre d'accompagnement. On doit prolonger un peu chaque série de tierces et de sixtes, afin de ne pas trop multiplier les sauts un peu brusques des passages de l'une à l'autre.

On accompagne de préférence en sixtes les parties de phrases qui roulent autour de la tonique, (par exemple dans le ton d'ut: do si do ré mi do,) — et en tierces celles qui roulent autour de la dominante (ré mi fa sol la sol.) Il ne faut cependant pas être esclave de cette règle. Le goût de l'accompagnateur, le sens de la mélodie et les principes harmoniques seront ici les meilleurs guides.

Voici un exemple d'un cantique très simple accompagné de cette façon.

On peut varier la basse en y introduisant quelques arpèges ou quelques notes de passage, comme on le voit dans les deux exemples suivants.

Le cantique qui suit offre un spécimen d'accompagnement à trois parties d'une facture un peu plus savante.

B. Avec un chœur nombreux, on accompagne d'ordinaire à quatre parties. Et ici encore on peut employer deux méthodes.

Dans les airs lents et graves, on emploiera quelquefois l'harmonie *serrée*, dans laquelle les trois premières parties s'exécutent à la main droite, tandis que la main gauche fait entendre la basse, qu'il est bon de doubler. C'est un accompagnement a-nalogue à l'accompagnement syllabique du plain-chant tel que nous l'avons traité dans la seconde partie de cet ouvrage. Ex.

L'exécution des trois parties à la main droite devient très difficile dans les airs rapides ou à grande étendue. Aussi emploie-t-on plus généralement l'harmonie *espacée* ou divisée, qui partage les 4 parties entre les deux mains.

Nous avons déjà fait connaître la structure spéciale de ce genre d'harmonie. La formule suivante étudiée par l'élève dans tous les tons usuels, majeurs et mineurs, le familiarisera avec ce mode d'accompagnement figuré, qui est de tous le préférable.

Il ne nous reste plus qu'à donner quelques exemples. Le suivant est un cantique accompagné par le célèbre Gounod. On y verra que les maîtres les plus habiles ne dédaignent pas une grande simplicité.

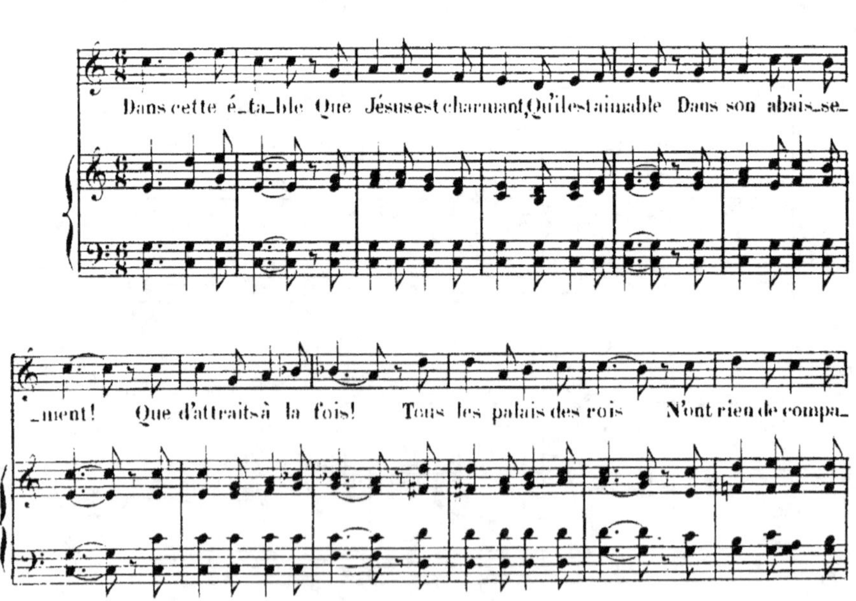

On peut encore jouer le chant seul ou en duo à la main droite, en exécutant des accords brisés ou arpégés à la main gauche, comme dans la formule d'exercices de la page 194. On peut enfin combiner ou employer successivement ces diverses formes pour éviter la monotonie. Encore une fois ces arrangements sont laissés au goût de l'accompagnateur. Observons seulement qu'une certaine unité doit toujours régner dans l'ensemble de l'accompagnement de chaque morceau.

———

(1) *Avec autorisation de l'Editeur M. Poussielgue.*

Imp. Delanchy Fg St Denis 51 33

APPENDICE

Du rôle de l'Organiste et de l'Accompagnateur dans l'Office divin

Nous ne croyons pas inutile de donner, à la fin de cet ouvrage, quelques conseils pratiques basés sur l'expérience, et quelques règles de direction touchant la fonction importante qu'ont à remplir l'organiste et l'accompagnateur, durant les Saints Offices.

1° Quand une église possède de grandes orgues, celles-ci peuvent, d'après la liturgie, se faire entendre tous les dimanches et fêtes de l'année, et chaque fois que la messe est chantée avec solennité, ainsi que le Jeudi saint jusqu'au *Gloria* inclusivement, et le Samedi saint, depuis le *Gloria* jusqu'à la fin de la messe. On excepte les dimanches de l'Avent et du Carême, hormis *Lætare* et *Gaudette*.

On peut jouer, au commencement et à la fin de la messe, ce que l'on appelle une *Entrée* et une *Sortie*, et, après le *Sanctus*, ce que l'on nomme une *Élévation*, employant dans ce dernier cas des sons graves et doux.

L'orgue peut remplacer le chant au Graduel, à l'Offertoire, à la Communion, ainsi que dans la répétition de l'*Introït* et à la réponse de l'*Ite missa est*. Il peut aussi alterner avec les chantres au *Kyrie*, au *Gloria*, au *Sanctus* et à l'*Agnus Dei*. Il est interdit de l'entremêler au chant du *Credo*.

On peut le jouer à Vêpres pour remplacer les Antiennes à la fin des psaumes, et le répons du *Benedicamus Domino* ; et pour alterner avec le chœur au chant des hymnes. L'usage de le faire alterner avec le *Magnificat* tend de plus en plus à disparaître et cela avec raison ; car il ne convient guère que la moitié des versets de ce sublime Cantique soit passée sous silence.

L'orgue ne doit jamais suppléer le *Gloria Patri*, la première et la dernière strophe des hymnes, ni les strophes auxquelles il faut s'agenouiller. Il n'est pas admis qu'il alterne aux Saluts du T.-S. Sacrement, à moins que l'on n'y chante le *Te Deum* ou bien des hymnes et proses en entier. Il ne doit jamais remplacer ni l'une ni l'autre des deux strophes du *Tantum ergo*.

Pendant que l'orgue joue, un membre du clergé ou un chantre doit toujours réciter à haute voix, dans le chœur, les paroles dont la musique tient lieu.

Si, en alternant, l'organiste joue lui-même le plain-chant, il aura soin de ne pas le défigurer, et de prendre exactement le même mouvement que celui du chœur.

En fait de musique, il ne devra jouer que des morceaux vraiment religieux et qu'il aura soigneusement étudiés. Les bons recueils de ce genre ne manquent pas aujourd'hui. Qu'il s'interdise sévèrement les réminiscences d'opéras, de romances, de valses, et les improvisatinos fantaisistes où l'on semble n'avoir d'autre but que de faire l'étalage de son habileté. « Il faut, dit le Card. de Bonald, que les fidèles viennent dans nos temples non pour admirer les beaux effets de l'orgue, mais pour prier avec lui. »

2° Tout ce qui précède ne regarde que le grand orgue proprement dit. Quant à l'orgue à tuyaux dit d'accompagnement, il n'est fait, comme son nom l'indique, que pour accompagner le chant. Il en est de même de l'harmonium. Ce dernier instrument pourra tout au plus faire l'office de grand orgue dans une chapelle de communauté, quand il est suffisamment perfectionné et qu'il est tenu par une main habile sachant tirer parti du registre *expression*. En dehors de là, sa seule destination est d'accompagner et de soutenir les voix. Il a des sons trop maigres pour remplacer les grandes orgues dans une église ordinaire.

3° Oserons-nous le dire, au lieu d'entendre un orgue quelconque dialoguer avec le chœur, si habile que soit l'artiste qui le tient, nous préférons de beaucoup le chant continu, exécuté alternativement par un soliste et par un chœur bien nourri, ou, même encore, par le chœur et par l'assistance tout entière. (Dans ces deux cas, le chœur pourrait, aux fêtes solennelles exécuter le plain-chant harmonisé à deux, trois ou quatre parties).

Notre chant grégorien exécuté à l'unisson par une masse de voix est « la plus noble expression de la prière publique. Aussi de tout temps l'Église l'a-t-elle recommandé et encouragé. » Ajoutons qu'il offre un caractère de grandeur et de majesté dont n'approcheront jamais la plus savante musique et le plus brillant orchestre.

Ceux-là doivent le comprendre qui ont entendu le *Stabat Mater* entonné par cinq mille voix à la fin des retraites de N.-D. de Paris, ou le *Credo* et le *Magnificat* chantés par les mêmes retraitants à la messe de la Communion pascale. Et qui n'a pas été frappé de l'effet magique que produisent les chants les plus simples exécutés par les masses, dans nos missions et nos grands pèlerinages. »

Autrefois le peuple savait et chantait ces mélodies si belles et si simples, composées exprès pour lui? Qui donc les lui a fait oublier en le forçant à se taire, sinon l'usage immodéré de l'orgue et de la musique? Eh bien! que le maître de chapelle ou l'organiste tente avec courage de ramener l'assistance à alterner avec le chœur. Qu'il forme tout d'abord un groupe de jeunes gens et d'enfants des écoles, auxquels il apprendra une messe facile et mélodieuse, celle des *Anges* par exemple : qu'il les place au milieu des fidèles que l'on aura exhortés à prendre part aux chants communs. Les premiers essais seront timides sans doute; mais s'il persévère, il verra bientôt ses efforts couronnés de succès, et il ramènera par ce moyen les fidèles à l'église, beaucoup mieux que par tout l'attirail d'une bruyante musique.

Oui, le peuple aime la prière chantée, il aime surtout à y prendre part. Qu'on prenne donc le moyen de lui faire chanter nos *Kyrie, Credo, Gloria, Sanctus*, etc., ainsi que nos psaumes, nos hymnes, nos cantiques populaires; et que le grand orgue, s'il est bien placé pour cela, soutienne et fortifie cette masse de voix. C'est, comme l'a remarqué un savant organiste « le plus bel usage que l'on puisse faire de ce roi des instruments. » — « Rien n'est beau, dit à son tour le Card. de Bonald, comme l'unisson soutenu par un grand nombre de voix, auxquelles la toute-puissance de l'orgue vient joindre des harmonies grandioses. »

4° Ce que nous venons de dire pour les églises de paroisse, nous le dirons à fortiori pour les chapelles des couvents, des pensionnats et des collèges, où il serait beaucoup plus facile d'obtenir la parfaite exécution des mélodies grégoriennes. C'est là surtout que l'on doit appliquer à l'office divin le chant collectif ou unanime; et nous regardons comme une chose déplorable l'abus que l'on y fait des messes et des saluts en musique, exécutés par un petit groupe d'élèves, pendant que la majeure partie des assistants doit rester bouche close.

Un journal belge, le *Bien public* de Gand, faisait naguère à ce sujet des réflexions bien sensées :

« Voilà une maison qui compte trois cents élèves. Un jour de grande fête arrive : violons, cors, trompettes, timbales, chanteurs, etc., font invasion à la tribune. Une superbe musique est annoncée, des artistes étrangers prêtent leur concours à cette séance extraordinaire. Qu'arrive-t-il ? Les musiciens ont joué la pièce avec talent, les auditeurs ont écouté avec avidité. Qu'y ont-ils compris ? Rien, absolument rien. Ils ont été d'une impassibilité remarquable ; ils ont tous, jusqu'aux plus turbulents, mérité la bonne note de tranquillité. Mais, j'en suis sûr, la tribune a absorbé l'autel et le musicien a fait oublier le prêtre. Ce sont les rôles renversés et le monde à l'envers.... »

« Si ces trois cents jeunes gens, au lieu d'être réduits au mutisme forcé, avaient pu mêler toutes leurs voix dans un chant unanime et populaire, s'ils avaient pu participer eux-mêmes personnellement à la prière publique, ne se seraient-ils pas sentis entraînés ? On ne résiste pas à cet élan général ; ce serait vouloir barrer un torrent... »

6° Mais revenons à l'accompagnateur. A part la voix du célébrant ou de l'officiant, et celles du diacre ou du sous-diacre qui ne s'accompagnent jamais (1), tout ce qui se chante dans l'office divin doit être accompagné autant que possible soit par l'orgue, soit par l'harmonium.

Voici comment doit procéder l'organiste. « Au moment de commencer un morceau, il donne le ton d'une manière nette et discrète, c'est-à-dire qu'il joue avec des jeux d'une force seulement suffisante les deux ou trois premières notes du morceau, sans les accompagner, mais en les doublant s'il le veut par l'octave inférieure. Puis il laisse aux choristes le soin de faire l'intonation seuls, et il commence son accompagnement avec le chant du chœur. »

Au lieu de donner le ton comme il est dit ci-dessus, il pourra, si c'est l'usage, accompagner l'intonation à l'unisson, et dans ce cas il double ou triple la note à l'octave.

Il fera bien d'employer ce mode *d'unisson* dans le courant des morceaux, aux passages difficiles, lorsque les voix tendent à faiblir, ou quand il est lui-même pris au dépourvu. C'est aussi un moyen de rompre la monotonie, et l'effet en est très bon à certains endroits, en particulier quand la mélodie fait entendre successivement les notes d'un accord.

6° L'harmonie du plain-chant n'admet, comme nous l'avons dit, que des accords simples et conformes à l'austère tonalité grégorienne. « L'organiste devra donc débarrasser son accompagnement de tous les ornements propres à la musique moderne, tels que les *trilles*, les *roulades*, les *remplissages* quelconques, qui sont contraires au bon goût et dénotent une imagination peu religieuse. » Nous lui signalerons particulièrement une manie assez commune dont il doit bien se garder, celle de mêler à l'accompagnement des psaumes des fioritures, des gammes chromatiques et des fantaisies de toutes sortes, « qui ne conviennent pas mieux à notre chant liturgique que les colifichets d'une jeune coquette ne siéraient à une vénérable matrone. »

7° L'organiste accompagnateur ne doit jamais oublier que son rôle, quoique très important, n'est cependant que secondaire, et qu'il doit par conséquent s'effacer

---

(1) Tout au plus peut-on se permettre de leur indiquer le ton très légèrement, quand on connaît bien la portée des voix.

le plus possible. « Son accompagnement doit être comme le fond du tableau sur lequel sont reproduites les mélodies. » On voit par là combien s'illusionnent ceux qui croient produire un merveilleux effet en faisant résonner l'orgue d'une manière bruyante propre à étouffer le chant, au lieu de se borner à le diriger.

L'organiste *accompagne* les voix; « il ne doit donc ni les devancer, ni les suivre péniblement. Il est bon cependant, après les repos, de prévenir un peu les chantres et de faire entendre la première note qui suit, surtout si le passage est d'une exécution moins facile.

« Dans les chants en chœur, l'accompagnement sera nerveux et ferme, sans que les accords soient jamais saccadés ni languissants. Quand au contraire l'organiste n'accompagnera qu'une ou deux voix, l'accompagnement sera plus doux, les accords seront liés les uns aux autres, et l'harmonie devra bien se garder de se faire trop entendre et de couvrir les voix. C'est dans ce cas surtout que l'harmonie à trois parties sera employée avec avantage.

« L'accompagnateur ne doit ni traîner les finales, ni prolonger trop, comme il arrive souvent, les *Amen* et autres répons. Il séparera, par un repos égal à celui du chœur chaque verset du *Gloria,* du *Credo,* des psaumes, des hymnes, etc. L'ensemble et la bonne exécution sont à ce prix. » (M. l'abbé Brune).

8° Une dernière recommandation qui a son importance. Que l'organiste ne fasse jamais entendre sur son instrument des essais ou tapotages en sourdine, en dehors des moments où il doit jouer ou accompagner. — Qu'il évite de parler à mi-voix, de siffler, de se faire entendre du peuple en donnant ses indications aux chantres. — Qu'il exige toujours une tenue parfaite de ses choristes, et qu'il leur donne l'exemple sous ce rapport. — Qu'il ne les laisse jamais fredonner des parties dans les versets qui se chantent à l'unisson. — En un mot qu'il soit toujours très respectueux dans le lieu saint. Qu'il inspire ce respect à tous ceux qui dépendent de lui, et qu'il évite soigneusement tout ce qui serait de nature à distraire ou à scandaliser les fidèles.

TABLE DES MATIÈRES

DEUXIÈME PARTIE

Application de l'Harmonie consonnante à l'accompagnement du plain-chant

SECTION Ire. — *Accompagnement syllabique*

TROISIÉME PARTIE

De l'Harmonie dissonante